働きながら、社会を変える

参与的力量

一个投行人士的儿童福利院援助之旅

［日］慎泰俊_____著　张其炜_____译

中信出版集团｜北京

图书在版编目（CIP）数据

参与的力量：一个投行人士的儿童福利院援助之旅 /（日）慎泰俊著；张其炜译 . -- 北京：中信出版社，2019.7
ISBN 978-7-5217-0541-6

Ⅰ.①参… Ⅱ.①慎…②张… Ⅲ.①儿童福利—组织机构—社会救济—研究—日本 Ⅳ.① D731.37

中国版本图书馆 CIP 数据核字（2019）第 086292 号

HATARAKINAGARA SHAKAI WO KAERU by Taejun Shin
Copyright © Taejun Shin, 2011
All rights reserved.
Original Japanese edition published by Eiji Press,Inc.
Simplified Chinese translation copyright © 2019 by CITIC Press Corporation
This Simplified Chinese edition published by arrangement with Eiji Press,Inc.,Tokyo, through HonnoKizuna,Inc.,Tokyo,and Shinwon Agency Co. Beijing Representative Office, Beijing

本书仅限中国大陆地区发行销售

参与的力量——一个投行人士的儿童福利院援助之旅

著　　者：［日］慎泰俊
译　　者：张其炜
出版发行：中信出版集团股份有限公司
　　　　　（北京市朝阳区惠新东街甲 4 号富盛大厦 2 座　邮编　100029）
承 印 者：中国电影出版社印刷厂

开　　本：880mm×1230mm　1/32　　印　张：7　　字　数：162 千字
版　　次：2019 年 7 月第 1 版　　　　印　次：2019 年 7 月第 1 次印刷
京权图字：01-2019-2957　　　　　　广告经营许可证：京朝工商广字第 8087 号
书　　号：ISBN 978-7-5217-0541-6
定　　价：42.00 元

版权所有·侵权必究
如有印刷、装订问题，本公司负责调换。
服务热线：400-600-8099
投稿邮箱：author@citicpub.com

献给已故的星野安三郎先生,感谢他让我认识到了人人都有平等生存的权利。

目录

中文版序　VII
自　序　XXI

上篇 体验 001

01　一起行动，改变社会　003

一切皆数字的世界　003

"改变社会需要力量"　004

邂逅一本书　005

仅用2.4%就能改变世界？　007

从读书会开始　008

需要"机会均等"　009

成立日本首个小额信贷基金　011

02 日本的"儿童贫困" 013

能为孩子们做什么？ 013

悄然而来的贫困 015

初访儿童福利院 016

外表与正常小孩无异 019

"肯定不会再来了吧" 021

不断被否决的提案 023

03 尝试入住儿童福利院 027

孩子们的早晨 028

员工会议 030

孩子们放学后 033

为孩子们的前途而烦恼的工作人员 036

"大家各有各的难处" 038

04 现场见闻 043

生活的原貌 043

兼任父母和护理人员的儿童指导员及保育员 044

难以培养孩子们的自我肯定感 047

身边的陌生人也可以帮上忙 049

金钱的重要性 050

精神烦恼大家相通 052

孩子的康复 054

找到了！ 055

目 录

中 篇 分 析 063

05 五个孩子的故事 065
　　被忽视（父母放弃抚养） 065
　　身体受虐待 075
　　遭受性虐待 078
　　因经济原因导致抚养困难 081
　　从婴儿院转来 082

06 背后的原因 085
　　虐待 086
　　贫困 089
　　父母的精神健康状况 101
　　共同体的弱化 103

07 受虐待儿童的特征 105
　　好动 107
　　暴力 107
　　逞强 108
　　否定性思维 108
　　生活习惯混乱 109
　　内心依然渴望回家 109
　　善于洞察人心 110

跨越逆境后的强大 110

08 儿童福利院的运营　113
从保护到协助自立——社会福利的变迁　113
资金来自政府及捐助　115
什么是"最低生活水平"？　117
世界最低水平的儿童支出　119
儿童支出难以提高的原因　122

09 完成严酷工作的员工们　125
福利院都有什么样的员工？　125
儿童指导员的日常　129
儿童指导员的严酷工作　131
过重的精神负担　132
收入与公务员相当　135
倦怠综合征　137
儿童指导员的想法　140

10 防止福利院内的虐待悲剧　143
恩宠园事件　143
福利院内虐待事件报道的功与过　150
如何防止福利院内虐待？　150

目录

下篇 行动 155

11 我们能做什么？ 157
从入住体验及分析中得到的启示 157
"机会创造者"项目 158
就业指导会 162
给所有孩子机会 164

12 实践：业余时间为社会做贡献 167
利用业余时间贡献于社会的意义 167
首要的是关心 168
从熟人开始发起行动 169
业余活动也能改变世界 170
做擅长之事 171
珍惜本职工作 172
尝试参加他人的活动 173
建立业余组织的方法 177

后 记 183

致 谢 187

中文版序

十分感谢中国的读者朋友们能够阅读本书。我本人恰好去年开始学习中文，这本书能够在中国出版，我想这是一种缘分。

本书最初在2011年出版，当时我一边从事投资基金的工作，一边设立了名为Living in Peace（平和生活，以下简称LIP）的非营利组织，以此解决社会问题。虽然已经过去了8年，许多事情发生了变化，但也有些事情没有改变。我想在这里讲述一些现在看来已经发生改变的事情。我想在本序言中着重阐述四部分的内容：我自身的变化、关于机会均等的想法、儿童贫困与社会性养护（指为无法与生物学上的父母一起生活的儿童准备的社会替代性培养环境），以及在业余时间为社会做贡献。

创业的我

当时，我的本职工作是在基金公司做专业投资，主要工作是对各种公司的投资进行研究，以及投资之后对被投企业进行经营援助。我把工作日的几乎所有时间和周末的部分时间都花在投资工作中，只能利用工作日的夜晚和周末的空余时间作为LIP的代表理事做相关工作，并开展非营利组织的活动。

我在2014年开始自己创业，2018年卸任LIP的代表理事，现在作为LIP的一名成员继续参与活动。

我创立了小额信贷基金公司五常公司（Gojo & Company, Inc.）。"五常"指仁、义、礼、智、信，我希望能够提供这种价值观的金融服务。截至我写这篇序言的2019年2月，该公司在4个国家拥有1 600名左右的员工，为25万以上的人提供金融服务。我的目标是建立民营领域的世界银行，到2030年为世界50个国家1亿多的低收入人群提供廉价而高质量的金融服务。

我想谈一谈自己为什么会创业。正如本书所写的一样，LIP建立了日本首个小额信贷投资基金，之后就在各国小额信贷机构寻找投资企业。其间，我不仅熟悉了小额信贷行业，同时认识到其中存在大量问题。

具体问题有：世界上仍有20亿以上的人与金融没有交集，而没能获得高质量金融服务的人数是其两倍；除融资之外的大多金融服务都没有成功，经营方式仍有改善的空间；唯一成功的融资又利息过高；等等。我认为其中蕴含了巨大的商业机会，只要我们能够找出解决方案。

因为组织非营利活动的缘故，2012年我有幸参加了在中国天津举办的夏季达沃斯论坛。我目睹了作为非政府组织的世界经济论坛发挥了民营版的联合国的作用。我的收获是,即便是个人创办的非政府组织,随着长期坚持做出成绩,也能够成为国际机构。因此,我想既然要做,那就不限于一国,而是放眼全世界。

由于在小额信贷基金实践中发现的问题,以及参加达夏季沃斯论坛的收获,我决心创办民营领域的世界银行,因此开始创业。我们虽然还在不断地摸索,但现在已经能够按照计划开展业务。

创业之初,我继续担任了LIP的代表理事。在LIP创办刚好10周年之际,我卸任了LIP的代表理事,这和我现在需要集中精力在本职工作有关。理事更迭而组织仍能正常运转,才是我们在业余时间从事的事业能够在全国扩展的原因。

我想说明的是,没有完全一样的两个人,如果某项事业进展顺利是拜个人所赐,那么就很难复制同样的组织。

然而,如果某项事业进展顺利的原因在于组织本身的机制,那么组织就有复制的可能。我认为,想要让业余时间开展社会事业的机制在全日本及全世界拓展,只需要展现LIP取得的一定成果不是靠个人的力量,而是由于组织的机制这一点就够了。

有不少人认为,当初LIP仅仅依靠在业余时间从事活动的人们就能很好运转,是因为有我在的关系。但我卸任代表理事之后,LIP运转良好,完全没有问题,而且比我当代表时活动的质量和规模都上了一个台阶。实际上也本应如此。或许在旁观者看来,我作为宣传角色比较显眼,但实际上不是我,而是其他成员的存在才使组织运转良好。

参考LIP的组织形态,日本新出现了很多在本职工作之外利用业余时间开展社会事业的团体，这真是令人振奋。

机会均等的三个构成要素

LIP 十分重视机会均等。经过 10 年的活动，我明白了机会均等是由哪些要素构成的。我认为，现在只要能够保证父母通道、信息通道、金融服务通道，就能够保证一定程度上的机会均等。

父母通道指的是至少存在一位无条件对小孩进行肯定并能为其牺牲的人。虽名为"父母"，但实际上不必是生物学上的父母，养父母或兄弟都可以，甚至不必是仍存活于世的人。

请大家回想这样一些人：如果我们死去或者干坏事，他们一定会为我们感到悲伤；为了我们，他们可以不计较个人得失而牺牲他们自己。如果你能找到这样的人，那么可以说你具备了父母通道。正因为如此，我们才能够信赖他人，才能怀有肯定人生的感情，才能与人建立长期关系，朝着目标努力。

我们自己不漂亮、不聪明、不强大都不要紧，只要有无条件肯定我们的人存在，我们就能得到救赎。我认为机会均等构成要素中没有比父母通道更为重要的。我甚至认为父母通道是基本的人权。

生活在社会性养护机构的儿童都是由于某种原因和生物学上的父母分开。保证这些儿童具有一位能称为"父母"的人存在是社会的义务。

信息通道指能享有基本的受教育权利，并能充分获得了解世界所需的信息。

也许这个例子比较极端，比如有人在四边均长 100 米的房子里出生长大，他便相信世界就只有那么大。即便那人能够心满意足地生活，我们也要保证他具有认识世界的权利。

上述例子虽然极端，但发展中国家的农村却常常发生类似的情况。在没有网络、没有报纸的农村地区，看着不读书、不识字的人们幸福地生活着，很多外国人（至少是富裕程度足以让其到达当地的人）会想"这里的人生活得很幸福，就不去唤醒他们了"。

告诉这些不知外面世界的村民们外面还有更为富裕的世界，他们的幸福感很可能会降低，有时他们或许会因自己与外面世界的差距而感到绝望。

然而，不保障这些人认识外面世界的权利就可以说是公平的吗？我不这样认为。我认为，站在平等的立场上，了解世界的人对不了解世界的人放任不管，是非常不公平的。

世界上有很多事是人们宁可不知道的。我并非强迫自身不希望了解的人了解世界。我想表达的意思是，要让所有人有这样的平等机会——只要想了解世界，就有途径去了解。应该让所有人都能够享受到基本的教育、完善的媒体、互联网等。

金融服务通道指能够放心地储蓄，必要时可以在合适的利率条件下贷款，或加入保险，或能够以一定的手续费进行汇款。

在富裕国度，这是全民享有的权利，在有些发展中国家却并非如此。在正式金融机构中没有账户的人多达20亿。有些人想要储蓄以备将来之需，却担心资金被偷或丢失；有些人申请助学金，却不能够得偿所愿地上大学；有些人因为没有加入保险，不敢上医院治病，而早早去世；有些人则外出打工，给家里寄钱时被收取高额的手续费；

诸如此类，数不胜数。

我想很有必要向这些人提供价位合适及优质的金融服务。

机会均等三要素中，对商业而言最容易解决的问题当属金融服务通道，最难解决的是父母通道。为什么说父母通道最难解决呢？世界上大部分的父母通道都是以亲生父母的无偿牺牲为保证，若以金钱换取则需要相当大的金额，而子女作为受益者却完全没有支付金钱的能力。这本来应该由政府的税收负责，非营利组织的作用在于给政府的税收使用提供方向。

我的本职工作是在金融通道方面，LIP 的"儿童项目"着手于父母通道也是原因之一。作为许多企业参与的事业，需要保证资金有一定的可持续性。另外，靠捐献的资金来运营的非营利组织则可以尝试解决非商业性的问题。

社会认知度提高却依旧存在的儿童贫困

接下来，我想写写日本的儿童贫困问题的变化。本书最初写于 2011 年，从那以后，社会对儿童贫困问题的关注度有了很大的提高，尽管从数据上看，日本的儿童贫困率仍旧居高不下，虐待咨询量大大增加，一线职员的负担有所增加。

首先，我想从定性角度进行阐述。

本书出版之时，正值日本国内的儿童贫困问题开始成为社会议题。我印象中，2008 年阿部彩的《儿童贫困》出版正是其中一个诱因。

在那之后，书籍、报纸、杂志及电视节目等都大肆关注儿童贫困和受虐待的问题。我感觉这 10 年来，没听说过儿童福利院一词的人颇有减少。援助贫困户儿童的行动也有增加，解决儿童贫困问题的非营利组织和"儿童食堂"等项目也在全国范围内扩大。与此同时，有关儿童贫困问题的政治讨论也有增加，2014 年，《儿童贫困对策推进法》正式施行。

其次，我想从定量角度观察情况。

儿童进入社会性养护机构的理由在近 35 年发生了巨大变化。近些年，由于父母的虐待及经济原因（贫困）进入社会性养护机构的儿童占了一半（见图 1）。

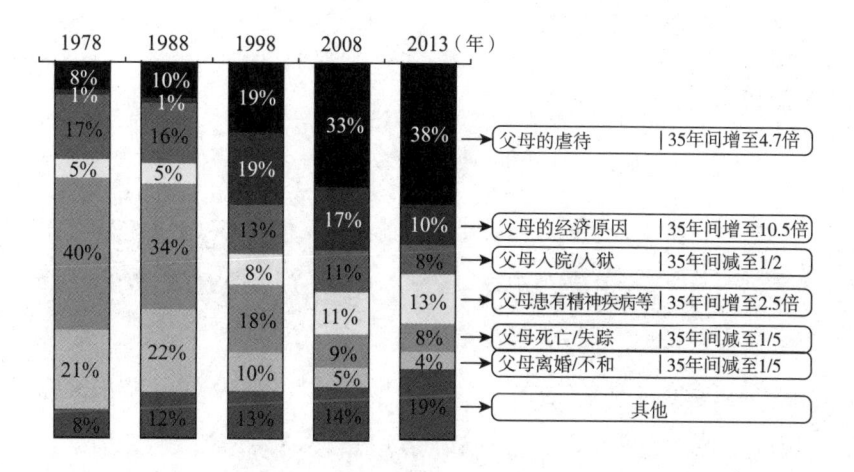

1978	1988	1998	2008	2013（年）		
8%	10%	19%	33%	38%	父母的虐待	35年间增至4.7倍
1%	1%	19%	17%	10%	父母的经济原因	35年间增至10.5倍
17%	16%	13%	11%	8%	父母入院/入狱	35年间减至1/2
5%	5%	8%	11%	13%	父母患有精神疾病等	35年间增至2.5倍
40%	34%	18%	9%	8%	父母死亡/失踪	35年间减至1/5
21%	22%	10%	5%	4%	父母离婚/不和	35年间减至1/5
8%	12%	13%	14%	19%	其他	

图 1 儿童进入社会性养护机构的原因在 35 年间的变迁
资料来源：儿童福利院（原福利院）入院儿童等调查。

30 多年间，日本人均收入几乎没有变化，但整体贫困率和儿童贫困率却一直在攀升，直到 2015 年才大幅度下降。原因之一或许是贫困问题大受关注，许多人觉得有必要解决，因而制定了很多对策。然而截至本序写作的 2019 年 2 月，关于收入的统计暴露出很大的问题，儿童贫困率可能仍然维持在较高水平（见图 2）。

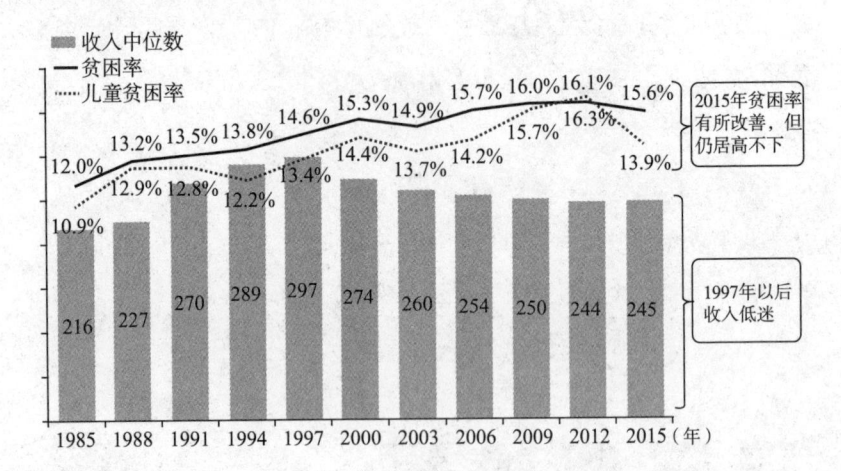

图 2　日本等价可支配收入中位数（万日元）与贫困率、儿童贫困率

资料来源：厚生劳动省《2016 年国民生活基础调查概况》。

再者，虽说日本的儿童贫困率有所改善，但在 OECD（经济合作与发展组织）国家中仍处于较高水平（见图 3）。尤其是单亲家庭，贫困率依旧很高，一半以上都成了贫困户（见图 4）。

单亲家庭贫困率高主要是由于以下原因。日本夫妻离婚后的多数情况是小孩的抚养权归母亲。而离婚之际，许多母亲都是专职的家庭主妇，一旦成为家庭主妇就很难回到职场。

儿童咨询所的虐待咨询数量持续增长，2017 年超过了 13 万件（见图 5）。这主要是由于社会对虐待的意识提高，报警变得更加容易，以及实现了将因为家庭暴力而去找警察的儿童信息与儿童咨询所共享等缘故。

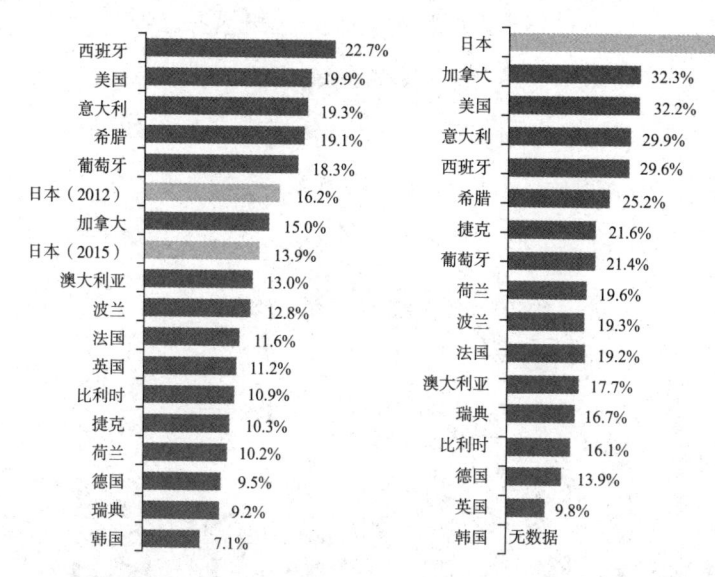

国家	儿童贫困率
西班牙	22.7%
美国	19.9%
意大利	19.3%
希腊	19.1%
葡萄牙	18.3%
日本（2012）	16.2%
加拿大	15.0%
日本（2015）	13.9%
澳大利亚	13.0%
波兰	12.8%
法国	11.6%
英国	11.2%
比利时	10.9%
捷克	10.3%
荷兰	10.2%
德国	9.5%
瑞典	9.2%
韩国	7.1%

图3　各国儿童贫困率比较

资料来源：OECD家庭数据库截至2017年11月12日的最新数据，有关日本的数据来自厚生劳动省《国民生活基础调查》。

国家	儿童贫困率
日本	56.0%
加拿大	32.3%
美国	32.2%
意大利	29.9%
西班牙	29.6%
希腊	25.2%
捷克	21.6%
葡萄牙	21.4%
荷兰	19.6%
波兰	19.3%
法国	19.2%
澳大利亚	17.7%
瑞典	16.7%
比利时	16.1%
德国	13.9%
英国	9.8%
韩国	无数据

图4　有工作的单亲家庭的儿童贫困率

资料来源：OECD家庭数据库截至2017年11月12日的最新数据，有关日本的数据来自厚生劳动省《国民生活基础调查》。

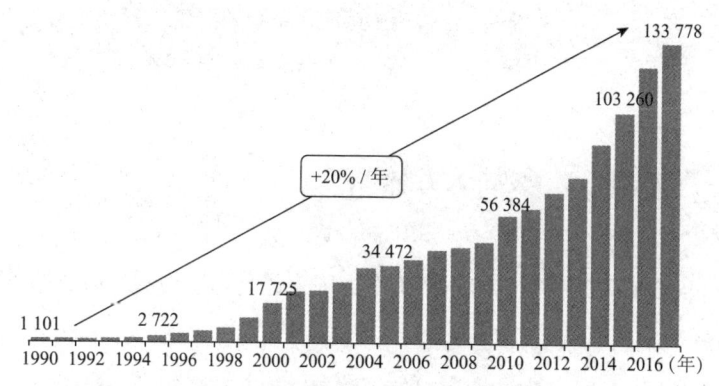

年份	件数
1990	1 101
1994	2 722
1998	17 725
2002	34 472
2006	56 384
2012	103 260
2016	133 778

+20%/年

图5　儿童虐待咨询件数的变化（2017年数据基于速报）

资料来源：厚生劳动省。

正如图 6 所示，虐待举报件数的增加并不意味着虐待致死案件的增加，也可以说虐待致死的情况呈减少趋势。然而，2013 年开始，虐待致死案件并未减少，这可能是由于进行虐待咨询过于忙碌的儿童咨询所并未过多关注虐待致死案件。即便是现在，平均每周也有一个小孩遭受父母杀害，这一问题亟待解决。

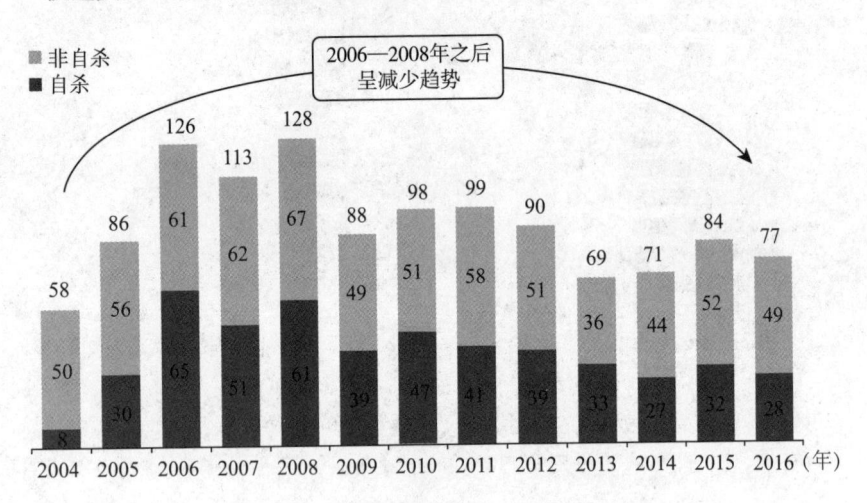

图 6　虐待致死儿童数量的变化

资料来源：厚生劳动省《福祉行政报告例》《儿童福利院入院儿童等调查结果》，由于 2007 年数据取 15 个月数据，故乘以 12/15。

我的本职工作使我在发展中国家度过了很多日子，但即便同样是贫困，大城市和地方城市的贫困特征也十分不同。

首先是大城市的贫困。无论发达国家还是发展中国家都类似，大城市的低收入人群由于特有的共同体弱化现象而面临艰难的状况。社会关系资本的缺乏则成为加剧问题严重性的重要原因。我想，民间的邻居互助发挥了十分重要的作用。

其次是地方城市的贫困。在发达国家，贫困的起因是日渐衰退的经济，而发展中国家的贫困则是由于经济增长抛弃了地方城市。解决对策可以考虑政府的再分配，以及鼓励发展能够振兴地方经济的民营企业。

业余时间贡献于社会将成为今后的主流

在结尾，我想写写关于在业余时间为社会事业做贡献的未来，以及我现在的所思所想。当初本书出版之时，光靠业余成员组成的组织能否取得很大的成果曾备受质疑，但是LIP取得了不逊于由专职人员构成的非营利组织的成绩。

创立之初，我们就将科技运用在我们的事业中。具体而言，我们运用了在线团体交流工具（分别是视频、音频、文本）和基于云端的资料制作等。我想LIP能够开展活动至今，有赖于这些工具。

当初开始活动时，我也在博客上做过宣传。我想，如果现在想要发起什么活动，我首先会倾听周围朋友的意见，在博客上写出想要进行的事业，并通过SNS（社交网络）传播以召集人手。

关于会议，我们既在实体会议室开会，也更多采用像Zoom手机云视频会议软件一样的工具，同时配置高性能的麦克风和摄像头，使那些无法到现场参加会议的人能够一起通过视频进行信息共享。会议记录等资料采用云端工具进行制作，所有人都能够同步编辑。另外，日常的交流则通过Slack（一种聊天软件）等工具进行，以便高效地开展工作。

2019年，远程工作变得更加容易了。但与虚拟会议相比，实体会议的信息共享效率还是更高。LIP 的有些成员以远程参与为主，但如果不常来参加实体会议，还是有不便之处。有些内容可以通过观察表情就能理解，但参加实体会议能够保持激情也是不争的事实。我觉得目前来说，面对面的交流在一定程度上还是有必要的。

然而，随着 5G（第五代移动通信网络）及增强现实工具的快速发展，开会的方式也会发生很大的变化。

如今，视频会议工具已经达到很高的水准了，我觉得随着技术的进步，虚拟会议与现场会议的差距会更小。我想，通过使用增强现实设备，在不远的将来，我们就能够像亲临现场一样开会。

当实体会议和虚拟会议的差别变得很小的时候，一定会发生某种决定性的变化。因为大家不必移步到开会的场所，全世界人们的协作也就成为可能。

世界各地对同样话题感兴趣的人能够在世界各地参加虚拟会议，并且能够参与共同的任务（例如制作为某公司募集资金的提案资料），发表自己的想法。会议之后，参与会议的一批人能够再次进行虚拟会议，像两三人继续坐在桌前讨论一样。这样的方式在不久的将来会成为现实。如果全世界的人都能够拿出自己的一部分时间，一起协作解决各种社会问题的话，世界会变成更加宜居的地方。

而且，使用虚拟现实技术可以向那些不容易去到农村的人展示当地的状况，这样可以保证成员们能时刻保持现场感来解决问题。使用虚拟现实工具向前来协助的人进行演说，也更容易让他们产生共鸣。

中文版序

　　科技，尤其是通用技术（GPT）的进步虽有导致差距扩大的负面影响，但也能够助力我们解决社会问题。

　　如本书能够对大家有所助益，本人将不胜荣幸。

慎泰俊
2019 年 2 月

自序

那是 2009 年 10 月,初秋一个寒冷的星期天。不习惯早起的我为了能起得来而设了 3 个闹钟。最后一个闹钟响起时,我终于起了床。坐电车颠簸了两个小时,而后又坐了 30 分钟一两个小时一班的大巴赶往茨城县的某家儿童福利院。这次参观是利用业余时间参与的一场公益活动。

然而,这一天却令我难以忘怀。

那里有不太结实的房子,有天真烂漫讨人喜爱的孩子们和他们那饱含无法想象的沉重过去的笑容,有容易使人陷入倦怠综合征的严酷的福利院工作,还有为了孩子们不辞辛劳的工作人员。

我本来只是来参观而已,然而看到福利院的样子,又和工作人员及孩子们聊天之后,我内心冒出一个想法:"喂,难道不应该做点什么吗?"

我就这样模模糊糊地想着,不知不觉中暮色已降临。临别之际,我对孩子们说:"我还会再来的。"孩子们却回复道:"你说这样的话,肯定不会再来了吧。"

从这一天开始,我就定期前往儿童福利院,且与朋友一起为孩子们做一些力所能及的事。

工作之余为社会做贡献

我是一名企业家,从事投资领域的工作已经5年了。我现在持有一家公司一半以上的股份,主要的工作是与该公司的管理层一起致力于公司的发展。当公司发展到一定阶段时,我将会卖掉我持有的股份,持股年限一般是5年。进行这种投资行为的组织称为私募股权基金。在某种意义上,这份事关公司前途的工作非常有挑战性,要求具有多方面的能力,同时又十分令人兴奋且有意义。

我坚信社会的进步有赖于经济的发展。因此,我认为帮助公司成长壮大这件事意义重大。为了能够做更多的事情,我希望自己能够尽快成为业界一流的专家。

但要说这份工作就是我人生的全部,那也不尽然。社会的问题,有些可以通过工作来解决,却也有很多并不是工作直接涉及的对象。比如教育问题、贫困问题就不在我工作涉及的范围内。当然,这些问题也可能随着企业和经济的发展而得到解决。

很多人认为,集中解决一个问题十分重要。或许如此,但一个人真的只能解决一个问题吗?比如因为"工作和育儿不能兼顾",就可以不育儿了吗?

当面对很多问题时,我们不应该只顾其中之一,而是应该分清轻重缓急，然后合理规划时间。

何况我觉得，一个人仅仅从事本职工作的话，知识和经验的广度会受限，继而在本职工作中也会遇到瓶颈。精通兵法的宫本武藏在《五轮书》①里举例，学习兵法需要的"不仅是兵法，还有社会中各种各样的技艺"。只有一边认真地做好本职工作，一边体验各种各样的经历，才能成为一流的专家。

鉴于此，我在工作之余创立了一家公益组织。

既有自己的本职工作，又通过副业做很多事情的人应该不少吧，我的朋友中就有人既是干劲十足的商人，又是音乐家。可是，很少听闻通过业余时间成立公益组织开展活动的，但我认为，将来这种业余组织会逐渐增加。

之所以这么说，是因为通信技术在进步。因为通信技术的进步，人们"同时在同一地点"越来越没有必要。在必须通过写信和付费电话进行交流的年代，大家如果不聚在一起就无法工作，通过写信和电话交流与面对面交流，还是有着本质的区别。然而现在不同了。人们通过互联网可以进行免费的视频通话，甚至可以开电话会议。文档和图片也能够即时共享，通过云文档，大家还可以同时修改一份文件。通信技术越是进步，组织的成员需要在同一个地方办公的必要性就越低。

以前，50个兼职人员每周工作5个小时，也比不过5个业余人员每周工作50个小时。其原因就在于成员不在一处，信息的传达效率

---

① 《五轮书》，日本战国时代宫本武藏所著的一部既为剑法，也为兵法的著作，与《孙子兵法》《战争论》齐名。——编者注

太低。现在通过合理地收集大家的零碎时间,即便是兼职人员也能漂亮地完成工作,将来应该能够做更多的事。

公益组织 LIP 就是以此为愿景的一家公益组织。LIP 聚集了一群这样的人,我们希望通过机会均等来减少贫困,以及建立利用业余时间开展事业的模式。LIP 的创立者们都有自己的全职工作,但我们在决定要建立日本首个小额信贷组织之后仅仅 9 个月,就创立了 LIP。

而后,我们当时选择攻克日本的儿童福利院存在的问题。

为什么选择儿童福利院

我们 LIP 之所以选择儿童福利院,是深感其"机会不均等"问题的严重。

现在,全日本大约有 580 家儿童福利院。3 万多名儿童因为被虐待、家庭贫困等各种"父母的原因"而被强行与熟悉的环境、父母、朋友隔离,在儿童福利院中生活。

他们在陌生的地方,与父母的交流受到限制,无法联系从前一起玩耍的朋友,也见不到自己喜欢的和蔼可亲的老师。

儿童福利院中的儿童面临的最大问题不在物质而在精神上。儿童的心理创伤很深,要恢复健康需要得到超出常人的爱护。然而大部分福利院中负责儿童护理的工作人员都不足——因为没有足够的资金。每位护理人员每年需要的费用可以购买 100 个书包。现在,儿童福利院的护理人员一般是一人照顾 10 个孩子。光是打理日常事务就够忙一天的了,很难再有时间关注孩子们的心理健康。

自　序

即使孩子们受到虐待的心灵伤痛没有痊愈，随着时间的推移，他们也会长大。因为他们从表面上看和普通的初中生、高中生完全没有区别，所以不得不和普通环境中长大的孩子们同台竞争。但承受不住这种竞争压力的孩子不在少数。2006年，儿童福利院孩子的中学退学率为7.6%（为全日本平均值的3倍以上），大学升学率为9.3%（为全日本平均值的1/5）。

即便孩子们中学毕业或者中途退学，也不能够再回到福利院。特别是高中退学的孩子，大部分连一份临时工的工作都找不到，不得不过着艰难的生活。根据《大志》（*The Big Issue*，日本非营利性杂志，关注社会弱势群体）发布的《年轻流浪汉白皮书》（2010年12月）显示，许多流浪汉都来自儿童福利院。伴随着经济的发展，发展不均衡的现象增加，这种状况有恶化的可能。

再者，他们结婚生子后往往不懂为人父母应该如何养育孩子，从而难免沿袭父母对待自己的方式，如此往复，导致虐待事件再次出现的概率高达30%~50%。

我们能够用较短的时间终结这样的悲剧。

孩子虽然不能选择自己的出身，但无论生于怎样的父母，社会都应该提供给他们自主改变人生的机会。我希望通过这本书讲述我们能够为儿童福利院的孩子们做的事情。

从旁观，到参与

这是一本由非儿童福利院的人写的书，是一本由开始对福利院感兴趣，而后以实习生身份入住福利院，再定期探访的一位企业家写的书。正因为作者不是每天在福利院工作的人或相关研究者，这本书的内容也不是长年累月的经验积累和研究成果。我希望通过这本书将自己所感受到的，从经验中学习到的，使用金融领域的技能分析得出的，只有自己能够做的事情，原原本本地表达出来。

在写这本书的时候，我的内心是充满矛盾的。和福利院的工作人员及孩子们一起度过的时间越长，便越发感到自己作为旁观者的无能为力。在那个时候，一直鼓励我的是前儿童福利院工作人员、现任心理咨询师梅本优香里女士，以及筑波爱儿园的小林弘典老师等。

有句话叫"从箱子外看待问题"（Out of the box），即以客观、独创性的视角看问题。从非福利院人士的视角来呈现福利院的状况，这就是我写这本书的目的。

本书由三部分构成。第一部分"体验"，介绍我为什么会开始在儿童福利院的活动，儿童福利院是什么样的地方。这部分采用故事、随笔形式，我期望能够从某种程度上烘托出儿童福利院的氛围。

第二部分"分析"，介绍被送到儿童福利院的孩子们的案例。这部分采用数据及事实，考察进入儿童福利院的孩子们的背景及其受到的影响、儿童福利院的状况。这部分的内容基本上以写实的风格呈现，尽可能客观地表述孩子们及院内设施的状况。

第三部分"行动"，思考我们能够做的事情，介绍我们的所作所为，并且分享一边工作一边投身公益的心得。

如果这本书能够让更多的人因为想要改变什么而行动的话，我将甚感欣慰。

| 上篇 |

体 验

你在某个时间、某个地方受到感动,这种无法重复的独特体验,会使你明白其意义并不仅限于当时,这便是真正属于你的思想。

——吉野源三郎
《你想活出怎样的人生》(1937)

01
一起行动，改变社会

一切皆数字的世界

第一次参观儿童福利院的时候，我还在一家外资企业的投资基金工作。我的名字"泰俊"被同事爱称为"TJ"。公司坐落在东京都内的山丘上，我都是骑自行车上班。很多外资金融企业员工的工作常态都是不能"准时"下班，我那时经常工作到深夜才回家。

我的主要工作是建立财务模型。简单而言，就是使用Excel表格进行计算，分析某个投资项目有多少收益空间。我从早到晚写计算公式和程序，不停地计算。如果是大项目的话，计算公式会写满20张200列、1 000行的Excel表格。一起工作的纽约IT（信息技术）团队以"TJ是Excel忍者"的口号来表示我对于微软的Excel表格的使用程度之高。

我工作中的一切都可转换成数字。如果我汇报时说"丽思卡尔顿（The Ritz-Carlton）是十分棒的酒店"，脏话连同装有咖啡的杯子和垃圾箱就扔过来了。相反，如果我汇报说"丽思卡尔顿的出租率为80%，平均单价为5万日元，每间可供房收入（酒店业用语，指出租率 × 平均单价）为4万日元，比其他五星级酒店平均高出30%"，大家就能理解。一切追求具体化，需要用一个一个数字表达。简单而言，只有基于这些数字之上的投资行为，才能计算出"有多少收益"。

也许有些人会认为，仅凭数字能够了解什么呢？但是在商业活动中，数字是十分重要的，好的商业故事背后大都有数字在支撑。

"改变社会需要力量"

一说起外资的投资基金，人们就会想到"唯利是图，利欲熏心"的集团。也不能说完全没有这样的公司，但我当时所在的公司里，对社会问题有强烈关注的同事不在少数（LIP的成员中有两名就是我的前同事，其中一人还是某教育项目的负责人）。

把打零工的我招收为正式员工的上司也对慈善感兴趣，他还参与了一个非营利组织，对社会上误入歧途的孩子进行救助。

"我父亲出身比较卑微，开理发店。家里虽然比较贫困，可我拼命学习获得了奖学金，然后考入每年学费几百万日元的名牌私立大学。从那开始，我的人生就改变了。之后在现在的公司工作，也偿还了奖学金，且能够接济家里。当手头稍微宽松了以后，就想为家人以外的孩子们做一些什么。"

对工作要求十分严格的另一位上司，谈起自己在经济条件变好、有能力之后想为社会做些什么时也说："TJ，想要真正改变社会需要的是力量。我一直赚钱就是为了攒很多钱后用来做慈善事业。如果你要当政治家的话，我就支持你。"

他们两位都是十分优秀的上司。辞去之前的工作后，我也还经常和他们一起吃饭。职场里有这样的上司，我想自己也能够做一些什么。我在大学时代专攻人权领域，也在非政府组织中实习过，对人权问题和为社会做贡献颇感兴趣。虽然工作繁忙，但是我希望自己能像他们一样利用业余时间投身公益。

邂逅一本书

2007年秋天，即我工作后的第二年，我感觉稍微有些空闲的时间，就读了经济学家杰弗里·萨克斯教授的著作《贫穷的终结》（早川书房，2006年）。书中提及每年有800万人死于贫困的惨痛现实，以及如何在我们的时代终结贫穷。

提起贫穷，也许人们首先想到的是低收入。这确实是贫穷的一个方面，但贫穷更应该从营养、儿童死亡率、健康等各个侧面综合考虑。

1990年，每天生活费低于1.25美元的人数占世界人口的46%。这一数字在2008年降到27%，但至今仍有占世界人口1/4的人每天生活费不足1.25美元（而且贫穷人口大幅度减少的原因在于中国的发展，而其他的很多贫穷国家并没有取得大的进步）。发达国家面临肥胖问题，而占世界人口1/6的人却仍处于营养不良的状态。每14人中就有1个儿童在5岁前死亡。有1/10的儿童无法上学。有1/5的产妇在没有医生及专家的帮助下分娩。即便是现在，世界上仍有1/6的人没有安全的生活水源。

读了这本书,我突然想起高中时代的几个朋友,他们因为要工作来帮助家里而放弃了上大学的机会。

毕业前一周的某一天,曾经和我约定一起上大学的高中同班同学把我叫到更衣室(可以从里面反锁的更衣室经常是同学们诉说秘密的地方)。他跪在我面前,然后哭泣着说:"我父亲离世后,独自抚养我长大的母亲身体不好。我必须要工作养家。"

我想,面对与自己的经历相似的事情时,人们是可以想象到他人的苦境的。不关乎性命的贫穷尚会让人感到痛心而愤慨,更何况是性命攸关的贫穷呢?

《贫穷的终结》并没有停留在讲述贫穷和提出解决方式上。萨克斯教授在这本书的最后,强调每个人都行动起来的重要性。无论多么美好的图景,要成为现实也需要依靠每个人的行动。直至现在,我还能想起当初自己对行动与否的犹豫。

如果故事够精彩,讲到这里也许应该是主人公告别金融的世界,开始赤手空拳地冒着风险做力所能及的事情。实际上,和我同一年开始投入非政府组织活动及社会创业的朋友相当多,大家都有类似的起步经历。

但是,我并没有要辞去工作的想法。因为我的工作本身很充实而且有意义,也能够让我有稳定的收入。另外,我考虑的是自己先巩固作为一个金融专家的实力。有了实力,才能够帮助更多的人。经验不足就突然辞职开始其他的事情,我觉得很可能会半途而废。我也不会为了减少贫困而付出一切。姑且不论将来,至少现在还不是时候。

那么，什么都不做吗？也不是的。应该怎么做呢？

仅用 2.4% 就能改变世界？

根据萨克斯教授的说法，要持续性地终结贫穷，每年必要的支出仅占发达国家人口收入的 2.4%。

我像平时工作的时候一样，不停地思考这个数字。

说起来，2.4% 也确实是一个微妙的数字——一个靠个人努力无法达成，而社会全体只需稍加付出就可以轻松达到的数字。每年总收入为 500 万亿日元的国家，其收入的 2.4% 相当于 12 万亿日元。于个人而言是一大笔钱，就是比尔·盖茨和沃伦·巴菲特也拿不出来。但如果每个人都付出的话，只需要钱包里 1 000 日元中的 24 日元，这并不构成什么负担。

2.4% 的道理与所有的社会变化相通。社会的改变并不取决于某一位英雄，而是只有大家一点一滴地改变，社会才会逐渐地发生实实在在的变化。

深夜里，我结束工作骑自行车回家。我经常在骑自行车的时候冒出新的想法（换句话说，我是自行车危险驾驶者）。这一天，我也是在下坡的时候有了以下想法。

"利用工作日的晚上和周末开展活动的人增加了，那么 2.4% 的目标不也就能达成了？

"一周有 7 天，其中 5 天上班，利用工作日的晚上和周末的其中一天的话，一周也能有 10% 以上的时间开展活动。按照这种计算方式，只要集合社会中 1/5 的人行动起来就能改变社会。我们急需建立起号召人们行动起来的组织。"

这不是什么了不起的想法，大家大抵都能够想到，重要的是不只停留在想法上，而要能够最终贯彻实行。

我决定迈出第一步。

从读书会开始

我想，从读书会开始第一步是最好的，于是就在当时写的博客上招募读书会的成员。博客的内容如下（部分有修改）。

将经济、金融及其他知识应用于发展的读书会

我希望开展如题所示的读书会。我希望将经济、金融及其他知识应用于为社会做贡献，主要关注发展问题，思考我们能够做些什么。

总之，我希望从《贫穷的终结》这本书的学习开始读书会。

杰弗里·萨克斯是入选《时代》周刊"世界百名最有影响力的人物"的经济学家。他原来的专业是国际金融，几次造访发展中国家之后他改变了想法，现在积极专注于发展问题。他现在担任多国的经济发展政策咨询顾问，是行动派的经济学家。

比起自己独自学习，大家一起交换意见、思考各种问题会更好。

加入条件如下：

01 一起行动，改变社会

- 好读书
- 有独立见解
- 对社会发展感兴趣
- 欲探索已学知识与社会发展之间的关系者

读书会同时开展线上交流。活动从 10 月中旬开始，有兴趣的人可以提前买书。期待您与我联系。

联系邮箱：taejun.shin@gmail.com

读书会的一半人由博客召集，另一半人由熟人召集。其中最年轻的比我小 3 岁，最年长的也只比我大 10 岁。召集的人有研究生、IT 行业顾问、公关公司职员、数据分析师、自主创业者、曾经在马拉维开展活动的人、曾为 JBIC（日本国际协力银行）职员而现在从事顾问工作的人等等，他们的背景各不相同（不知为何，没有一位是女性）。

就这样，LIP 的活动就开始了。当时，我们为读书会取了"社会发展读书会"这样强势的名字。学习内容比现在更加专业，除了阅读《贫穷的终结》之外，还要阅读研究生水平的教材及论文、调查报告。

第一次读书会到场 10 人左右，之后半年一直人数较少，但一直持续着。一位读书会的成员笑着回忆说："我以为读书会坚持三次就会撑不下去。"这个时期对于打造组织的基础是十分重要的。

需要"机会均等"

LIP 的两个目标"通过机会均等减少贫困"及"创造业余活动的

新模式"至今未曾改变。我们提出了这两个目标，一起参加活动的成员超过 50 人，还有大量的志愿者。

"通过机会均等减少贫困"是读书会得出的结论。在经过一定程度的读书会实践之后，我们对具体要做的事情也就有了结论。

"要减少贫困应该做什么呢？有大量的事情必须要做。我们也差不多应该决定具体要做什么了。"获得经济学硕士学位后从事数据分析工作，长得酷似哈利·波特的 S 这样说道。

"根据某某的论文，技术与资本积累同发展呈正相关。"当时还是学生，研究金融工学的 H 补充道。

"还有，某某书中谈到教育也十分重要。环顾亚洲各国，教育水平的提高也是社会发展的原因之一。"经营不动产公司，兼任财务咨询公司执行董事的自由人士，同时又是哲学家的 K 从更高层次发表看法。

"从上周阅读的《在增长的迷雾中求索》来看，激励或者说自立意志应该是十分重要的。如果安装了设施，建起了学校，但无法给实际使用的人以战胜生活的意志，那么一切都是白费的。"我高中时代的好友 C 慢吞吞地说道。

"是的，自立的意志很重要，我们作为旁观者能够做的不就是帮助他们自立吗？无论是谁，都会认真思考自己的生活。我们自大地想替贫困的人做一切的事情。"当时借会议室给我们的 A 这样说道。

"是的，机会均等是很重要的。所以我们就提供均等的机会给他们不就可以了吗？"

经过这番讨论，我们关注到了小额信贷。所谓小额信贷，就是给一直以来都未能享受到金融服务的发展中国家的贫困者提供贷款。小额信贷就是为那些被剥夺了资金借贷机会的人们提供均等的机会。借款的人用借来的资金自己开创新事业，通过商业收益来还款，他们自己也能变得富裕。当然，如果事业做得不好的话，借款人的生活会变得更加困难，但我们认为，重要的是带去了均等的机会。当时金融领域的人占了 LIP 成员的多数，所以我们觉得能够将自己的优势发挥到小额信贷上。

成立日本首个小额信贷基金

2008 年春，我们把小额信贷作为活动的重心。2008 年 11 月，我们和世界银行共同举办了小额信贷论坛。

而后，我们于 2009 年成立了日本首个小额信贷基金，募集日本的个人资金，投资到进行小额信贷的金融机构。我们平时工作时以邮件和网络电话的方式进行联系，每周六聚在一起开会，持续开展活动。虽说曲折，但 2009 年夏天，我们和柬埔寨的首都金边达成了合作。9 月初，日本第一个小额信贷基金就开始运作。当时劝我们进行运作的合作公司是音乐证券（Music Securities）株式会社。该公司的小松真实社长从项目起步阶段一直到现在都给了我很多的帮助。

通过这些经验，我确信利用业余时间投身公益能够做的有很多。即便有全职工作，在业余时间开展活动也可以为社会带来很大的影响。

小额信贷基金成立后有一定的成效，我又把目光重新转向日本的贫困问题。因为日本的贫困问题是我产生希望社会变好这个想法的契机。只是因为各种机缘巧合，日本之外的活动得以率先开展。每当想起没能上大学的朋友，我就觉得想要为日本做些什么。在路上看到的流浪汉和贫困率不断攀升的新闻等，让我经常觉得贫困就在自己身边。热心于日本之外的减少贫困的活动，却对日本的贫困问题视而不见，我总觉得这样哪里不对。

另外，除却生死攸关的贫困，我无法判断发展中国家的贫困问题与日本的贫困问题哪一个更严重。由于在柬埔寨举办小额信贷活动，我在那儿的农村停留过几天。虽然没水没电，但是那里的人们家人团聚、乡邻和睦，在欢声笑语中快乐度过每一天。与此印象不同，日本的贫困问题就给人更加沉重的感觉。在日本，饿死的风险是很低的，但是我无法判断哪一种更幸福。

我想起了特蕾莎修女访问日本时所说的话：

> 看上去物质丰富的日本，精神就不会贫穷吗？与物质的匮乏相比，更大的贫穷是不被需要、不被爱。比起一切物质匮乏，精神的贫穷才是最大的贫穷。日本的诸位，请不要在物质丰富之时忘却精神的贫穷。

02
日本的"儿童贫困"

2009年秋天,经过反复讨论,LIP开始了在日本的活动。活动名称是"教育项目"。因为从LIP特别重视的机会均等的角度考虑,我们认为,为那些拥有更多未来和可能性的孩子们开展活动是正确的选择,而减少贫困的方法中,特别重要且有意义的就是教育。

能为孩子们做什么?

与往常一样,我们通过网络及研讨会、朋友介绍的方式招募伙伴,一起开展读书会活动。我们一起讨论能够为减少贫困做些什么,但难有定论。

"虽说是要解决儿童贫困问题,但还是要缩小目标对象。比如低收入人群集中地区的儿童、单亲家庭的儿童、少数族裔的儿童……"

"通过教育使孩子摆脱贫困也有很多方式。比如,是否有可能通过在升学率高的学校授课的方式让将来会成为领导人的小孩知道国家的现状？"

"不对，我觉得这有些不对。将高升学率学校的小孩等同于未来领导人来看待本身就是有问题的。这不太像我们LIP的做法了吧？"

"有位在国际学校发起精英教育的人在发展中国家的贫困层开展活动时发现，必须自上而下地改变社会才行，因此才发起了精英教育。所以，不能说哪一种是绝对正确的。"

"目标对象虽重要，但活动的形式也需要确定。"

"像办补习学校那样的做法如何？"

"不，那太没有创意了，而且补习学校有很多人在办。我们想想还没有人做过的活动吧。"

"那戏剧怎么样？大家使用肢体语言达成某一目的的成功经历会有用吧。"

"主意虽不错，可是感觉比我们擅长戏剧的大有人在……"

总之，意见花样百出。因为大家都是根据自己的经历谈论自己认可的做法，所以难以统一意见。

就在这时，LIP的成员后藤宗明建议我们去儿童福利院参观。

后藤曾经是银行职员。在日本大银行的纽约分行工作时目睹了"9·11"事件。以此为转折，他辞去工作，为纽约不上学的日本留学生开办补习班。补习班获得一定成功后，后藤回到日本，为全球最大的社会企业家培育组织阿育王基金会（Ashoka）设立日本法人而奔走。

后藤坚信榜样教育即小孩崇拜的模范人物的教育力量。也就是说，孩子们崇拜的模范人物会成为其奋斗的动力，我们可借此来培养孩子。

后藤早前曾在儿童福利院教孩子们英语和职业生涯规划。当时后藤对儿童福利院的现状感到十分震惊。

然而，我们要解决的贫困问题怎么与儿童福利院联系起来呢？

悄然而来的贫困

后藤解释道，儿童福利院是主要由于被虐待等原因而离开父母的孩子们生活的地方。

"孩子们因为各种各样的原因而来到儿童福利院。了解情况后，我想起了在美国目睹的贫穷惨状。我本以为日本没那么快出现这样的贫困，没想到已经出现了。"

这让我想起了《贫困大国美国》（堤未果著，岩波书店，2008年）一书中描绘的贫困的美国。在世界第一经济大国，很多人一旦落魄就很难爬起来，而只能贫穷度日。

美国的贫困阶层处于最危险的状态。不少美国人因为贫穷而参军，赶赴伊拉克和阿富汗执行最危险的任务，从事战地卡车司机等危险职业。因为没有参加保险，他们一旦生大病，要么债台高筑，要么死去（得阑尾炎住院一天也需要花费100万日元以上）。一旦飓风来临，他们即使收到避难通知也会因为没有车而无法逃难。

低价能够买到的尽是营养低、热量高的食物，贫困阶层的孩子饱受肥胖症的折磨。而高昂的学费导致低收入家庭的孩子很难进入一流的大学，造成了贫困的代际传递。

尽管与美国的状况很不一样，但儿童福利院的孩子大多来自收入低下、缺衣少食、父母精神不健康的家庭。后藤说，一部分日本低收入家庭的小孩仅靠泡面和点心面包维持生活。

我们听到这些话，也觉得有些难以置信，因此决定去参观儿童福利院。

后藤给了我们忠告，说我们去了之后可能会受到很大打击。如果以轻松的心态去参观的话，听到孩子们的故事可能会失落。实际上，有很多受过训练的工作人员得了神经衰弱症，福利院为此配备了专门为工作人员治疗的心理咨询师。后藤说："如果仅仅想了解一下儿童福利院的情况，也可以阅读文献。"

后藤还给了我们另一个忠告。他说，如果想要和孩子们深入接触的话，要做好相应的思想准备。如果做不到，就不要和孩子们做约定。

有些孩子觉得自己"遭到了父母的背叛"，也有些孩子认为大人是不可信任的。如果我们和小孩们相处融洽，也不要轻言"我们会再来的"。因为我们如果不去第二次的话，孩子们就会认为"大人果然这样不守信用"，这可能会导致他们对大人及一般人的进一步不信任。后藤曾把自己认识的孩子们的生日和与他们约定的事项都列入自己的行程计划中，那一天到来时，无论自己身处世界的哪一个角落也一定会联系他们。

我们记住了后藤的话，决定参观儿童福利院。我们事先说好，和孩子们尽可能建立浅层的关系。

初访儿童福利院

2009 年 10 月初，我们前往参观位于山脚的儿童福利院。接待我们的是家庭支援专业咨询员小林先生。他因大学以前踢橄榄球而身材健硕，与此形成鲜明对比的是他亲切和蔼的态度。他在接待室接待了我们，并向我们说明了福利院的情况。

这所儿童福利院最初是1973年建立的专门寄养婴儿的福利院。现在生活着2~18岁的40名儿童。因被虐待的原因来到这里的儿童占了半数左右。如果包括在这里实际生活之后慢慢说出自己曾经受虐待经历的儿童在内，受虐待人数占七成以上。

小林先生隐去了儿童的姓名，向我们介绍了几个受虐待儿童的具体案例。

"刚才经过的女孩和男孩，见到了吧？家里只有母亲。母亲出走后，三个月内他们只有兄弟姐妹一起生活，所以才被儿童咨询所领养，带到这边来。

"还有刚才打招呼时避开的男孩，他有一个享受社会低保而完全不工作的父亲，当着男孩的面，直接把煤油浇到男孩妈妈的身上然后点火。男孩妈妈的容貌被毁了，脸完全变了样，男孩最初都不敢叫妈妈。等过一段时间，母子二人应该能和好吧。"

小林先生的介绍还在继续，但我听到越多详细的事情越感到震惊：这个国家在我不知道的地方竟然也发生着令人震惊的事情。

小林先生进一步讲述道：

"这里外国人的子女也很多。在我们福利院，约两成的孩子父母一方是外国人。像A的母亲就是越南人，B的父亲是中国人。听说全日本的这个比例是一成。"

这让身为在日韩国人的我感到担忧。我就读的朝鲜学校也有很多贫困家庭的学生。但细细想来，我发现如果真的是很贫穷或家庭分裂的话，作为外国人想要生存下去是不可能的。在日外国人都有各自的团体相互帮助，也许这种相互帮助并没有惠及所有人。

我提出疑问："这些孩子离开福利院以后怎么生活？"

"如果高中毕业或者中途退学的话，就要离开福利院。我们福利院的儿童高中退学率非常高，超过五成。至于是什么原因，还没有完全搞清楚。顺便提一下，全国的福利院儿童的平均退学率是20%左右，我们这里是全国平均水平的3倍以上。

"遭受虐待的小孩心灵创伤很深。从表面看，他们和正常的孩子没有什么区别，所以虽身负不利条件，却要被迫和其他人站在同一起跑线上。有些孩子在学校的人际关系不融洽，有些被欺凌，有些初中开始就不去上学，有些高中去了一次就退学了。

"小孩一旦高中退学就必须离开福利院。他们原本就业就很困难，就算找到工作，大多数时候也不能干得长久，只能频繁换工作。这时，他们只能相信以前的朋友介绍的'好工作'，结果不少人因此走上无法回头的违法之路。

"当然也有些孩子很努力。有的希望成为艺人，高中毕业后就去了专科学校。他们偶尔也会回福利院来看看，似乎是干得不错，还得意扬扬地说什么以后来给我们签名之类的话，我们觉得很高兴。"

工作人员的工作强度很大，小林先生继续说道：

"孩子在这种环境下成长，其心灵创伤的弥合与代行父母职责进行照顾的看护人员（工作人员）关系重大。雇用工作人员的人事费靠国家和地方公共团体发放的名为'措施费'的补助金来维持。我们福利院因为属于东京都的管辖范围，与全国其他地方的福利院比起来政策条件要更好。即便如此，看护人员也无法应付数量众多的孩子。

"打理日常工作就已经让工作人员们忙不过来了，要帮助孩子们进行心理治疗就更难。由于日常工作十分严酷，加上上班时间不规律，容易造成精神疲劳，有些工作人员甚至患上了倦怠综合征。前些时候，有位工作人员无故缺勤，突然联系不上，好像是得了神经衰弱症，所以辞职了。"

这个福利院自创立以来就没有重修过，一旦发生大地震就有可能倒塌。而孩子们和工作人员就在这种危险的条件下生活。小林先生将简单写着为新建福利院筹款的宣传册递到我手上。

"为新建福利院筹款十分困难。打理日常工作就已经让我们精疲力竭。因为平时不做这些事情，所以我们几乎没有时间和精力花在上面。虽然有本地人和几家企业的支持，但也还差一些资金。"

外表与正常小孩无异

小林先生给我们大致介绍了情况，我们还在震惊之中，就开始了对福利院的参观。福利院是由旧儿童馆和学生宿舍组成。小房间分别有一两张床。起居室里，孩子们聚集在一起，有的在玩任天堂游戏机，有的在观看偶像剧，有的在玩将棋。外面的运动场里，有些孩子在踢足球。他们看到我们就好奇地聚了过来。看到他们和普通的小孩没有什么大的差异，我们也就稍微放心了。

我们周围一会儿就聚集了很多小学生。

有个小孩问道:"大哥哥,你们从哪里来?是公司的人吗?来这里做什么?"

"我们是一个非营利组织的,今天从东京过来玩。"

"有苹果手机吗?借我玩玩吧。"10岁左右的小男孩提出要借我的苹果手机。

"里面有 AKB48① 的歌吗?"

"我想想,没有呢。"(之后我为了和孩子们一起去唱卡拉 OK 而学了 AKB48 的歌。)

"那么,放浪兄弟的歌有吗?"

"这个有,你看这边。"

孩子们随着歌曲的播放就开始唱起来,一首歌结束了就找其他的歌。一首接着一首播放,大家欢快地唱着。唱烦了就开始找其他好玩的手机应用程序开始玩。等小孩子们把手机还回来的时候,手机已经没电了。我回到家看了手机上的历史记录,惊讶地发现有很多拨打电话的记录,似乎是打了骚扰电话吧。

到了低年龄小孩的房间,孩子们又聚拢过来。

"大哥哥,会玩骑脖子吗?让我骑骑。"

"可以啊。来,上来吧。"

然后下一个小孩开始搭话。

"耍滑头,我也要骑。"

"知道了,来骑右边的肩膀。"

---

① AKB48:日本大型女子偶像组合。——编者注

"那我骑左边的肩膀。"

"好，骑上来。"

这是我人生中第一次被三个小孩同时骑脖子，感觉有点像在进行杂技表演。

"肯定不会再来了吧"

孩子们很可爱，我们一起度过了愉快的时光。但是只要认真观察，还是会注意到他们有些不同。

看到我们来了，很多小孩都一齐拥过来。但是普通家庭的孩子，一般看到客人来了，都会躲在某个角落，在柱子的背后注视着客人，直到父母呵斥"赶紧过来问好"，才会急忙过来打招呼。

随处可见的打架场景也相当粗暴。普通的小孩打架时，或者拍打，或者抓扯，相对温和。而这里的孩子会扣住对方的脖子把人往地面上摔，粗暴程度不正常。我后来才知道，这些孩子的举止是在模仿虐待他们的父母。

即便如此，孩子们还是很可爱，他们也没有失去开朗的天性。

我在运动场正中间颠球，一会儿，孩子们就聚拢过来。

"大哥哥也玩足球？"

"嗯，踢过一两年。"

"那（颠球）能颠多少个？"

"嗯，如果状态好的话，可以颠 1 000 个。"

"真没趣，那我们来比赛吧。我们的球门是这个铁柱，你们的球门是那个自行车停放处。谁输了谁请客喝饮料。"

就这样，我们开始足球比赛。在这片运动场上，我们与挥汗如雨的孩子们一起踢球，同时，有些孩子在打篮球，也有些孩子在玩独轮车，这让我想起了小学时在运动场玩耍的情景。

在忘我的玩耍中，不知不觉太阳下山了，到了要坐大巴回去的时间。

离别之际，我不假思索地和孩子们告别："我还会再来的。"

刚才还在微笑的孩子们突然变得冷漠、沮丧。

"你说这样的话，肯定不会再来了吧。"

我突然想起了来福利院前，后藤给我们的忠告。就是指这件事情？大概很多来这里参观的人，都不会来第二次了吧。

我们原本只是单纯地来参观的。但是听到孩子们的话，感觉已经无法挽回。

也许只是我的一厢情愿罢了。不是义愤或责任感，但我的内心深处有什么给我下了命令："喂，难道不应该做点什么吗？"当时完全是凭感觉，希望以后再来这家福利院为孩子们做些事情。

在回程的大巴上，大家交流了各自的感想。

"感觉触动很多。"

"嗯……孩子们真的很可爱。真希望屋子里的那个女孩是自己的妹妹。"

"通过和工作人员聊天，我了解到，有让孩子们体验'朋友之家'（Friend Home）的制度，如果满足一定的条件，就可以成为接收家庭。我在想寒假的时候让他们来我家。"

"我比较在意最后说'肯定不会再来了吧'的小孩,我还想再去。"

听着大家的话,我呆呆地想着。想着想着,感觉头脑中的开关咔嚓启动了。

就这样,我们的活动主要围绕儿童福利院展开了。

也许大家会觉得我们没有计划性。但是,人活着的时候能够体验的东西毕竟有限。除了押注在某个时候想到的"正是这个"之外,还有其他办法找到应该做的事情吗?

不断被否决的提案

每一到两个月我们就去一次儿童福利院,和孩子们一起玩耍,和工作人员交谈,一边思考我们能够做些什么。

后面的章节会详细地说明,通过这样的互动方式,我们较早地发现儿童福利院的孩子们面临的问题不是物质上的而是精神上的。有一天,福利院的工作人员和我这样说道:"孩子们的精神创伤很深,以目前的状况是很难弥合的。孩子们缺乏自信,容易产生'反正我就这样了'的想法。"

但是,这之后才成问题。即便明白了孩子们的精神创伤需要弥合,我们还是不清楚应该做些什么。

最初的想法是帮助孩子们备考,但这似乎不是好点子,因为已经有大学生志愿者在做这件事情。我们很快就明白了,与走上社会的我们相比,大学生对于考试更熟悉,更适合当家庭教师。我们小组讨论了近3个小时,终于有一位成员提出了这样的想法:

"有个非营利组织非常厉害。它以高中生为对象，以小组讨论的方式开展职业生涯规划学习项目。它在好多地方都开展活动，口碑也很好。我觉得在儿童福利院也可以开展这种活动，各位觉得如何？"

"嗯，这挺有趣的。安排时间和福利院的工作人员沟通一下，怎么样？"

可是福利院的工作人员对这个主意都不感兴趣。其中一位工作人员悄悄说道："把很多孩子召集到一个地方做些什么，我觉得这本身不适合儿童福利院的孩子们。"

有的提案认为，把孩子们聚在一起，大家共同创造点什么，是有意义的事。有的提案建议孩子们和大人们一起组队跳舞、踢足球、考试等，用一年左右的时间共同完成喜欢的事情。可以说，我们是不拘泥于学习的广泛意义上的家庭教师。

"可以通过这种方式，让孩子们获得成功的体验，他们的内心就会变得强大。"

面对说这话的我们，工作人员以强忍着愤怒的口气回答道："精神创伤的弥合不是一朝一夕可以做到的。况且这是我们这些接受过专业训练的人做的工作。孩子们的精神恢复工作就请交给我们。"

无论我们提案多少次，福利院都时而委婉时而严肃地拒绝。这样的状况持续了半年。

我们不知道自己的提案哪里有问题，应该怎样改变。大家都很着急。"这样下去，什么都没决定，项目就结束了。"沉闷的空气在蔓延着。

那时，我恰好决定换工作。由于我之前的工作还有充足的带薪假期没有休，所以到新的公司之前，我有 40 天左右的休假时间。我打算用其中的 25 天考取已经 28 岁还没取得的驾照，用 7 天去柬埔寨开展小额信贷活动，剩余的几天再做些其他事情。

后来，我决定用剩余的几天试着住在儿童福利院。

03
尝试入住儿童福利院

从东京的住处乘坐一个半小时电车，再坐半个小时的大巴就到了儿童福利院。我抵达福利院的时候已经是周六傍晚 5 点了。我一进福利院，孩子们就像平时一样围了过来，都是熟悉的面孔。平时都是和 LIP 的成员一起来访，可这次只有我一个人扛着沉甸甸的行李来到这里。孩子们好像察觉到了什么。

"迈克尔，莫非你是来实习的？"（自从我展示了酷炫的太空步，有几个孩子就把我称为迈克尔，还偏偏以英语发音称呼。）

"是的。"

"劝你还是放弃为好。"中学生们用半开玩笑的口吻说道。不过他们看起来很高兴。

换工作前的带薪休假期间，我向福利院提出了一个让他们为难的要求——让我住在这里。虽然时间只有一周，但儿童福利院还是允许我以实习生的身份和福利院的工作人员一起工作。因为儿童福利院大多数时候不对外开放，我能得到许可住进去就已经谢天谢地了。

入住理由是我们想弄清楚能够为儿童福利院做些什么，以及应该做些什么。

为了弄清楚我们应该做些什么，有必要实地了解情况。和他们一同起居，吃一样的饮食，站在同一视角思考，才能弄清楚该做什么。生活的大部分都是平淡日子的反复，而其中蕴藏真理，是发现不寻常的源泉。统计也好，研究也罢，只有和实践相结合才是有生命力的。

系上 LIP 的同伴们给我做的一条超可爱的粉红色围裙（收到这个礼物的时候，我的确有些吃惊），我的入住实习开始了。这一章，我将着力于讲述目力所及的福利院日常生活及入住心得。

以下以一天的时间顺序介绍儿童福利院的实际状况。由于这是许可我入住的福利院的故事，举一个例子能让大家思考就好了。当然，里面涉及的名字皆是化名。

孩子们的早晨

起床时间为 6 点半。在平时，我还在睡梦中，可孩子们已经开始起床洗漱了。早餐在起居室里吃，时间为 6 点 50 分。小菜是厨师前一天做好的，今天是煎鸡蛋和纳豆、味噌汤和咸菜。米饭是与孩子们共同生活的儿童指导员在前一天用电饭锅预约时间煮的。我入住的福利院，孩子们按照 13 个人一组进行分组，每个人的米饭是 6 合左右①。孩子们吃完饭，要把餐具拿到洗涤槽。洗餐具是指导员的工作。

---

① 合，日本度量衡制中的体积单位，一合相当于 1/10 升，大米约 180 克。——译者注

03 尝试入住儿童福利院

大部分小学生都能正常起床，有一些初中生、高中生可能是因为熬夜，会睡懒觉。龙雄、晴子和奈美惠早上5点左右都还在起居室里聊天，指导员的警告似乎也不起作用。龙雄和晴子一直都没有去学校上课。龙雄再这样下去就要从高中退学了。晴子是初中生，已经快到6月了，她却只去了两次学校。两人起床时已经是午后，拿出冷藏的米饭和昨天的小菜用微波炉加热后，边吃饭边发呆。

奈美惠虽然熬夜，但还是会按时起床去上学。奈美惠上初中时也曾经有段时间不上学，大家都担心她上高中后该怎么办，但因为朋友的关照，她在学校过得很好。要是按照平时的状态的话，她一般要晚起3个小时左右，现在这种生活状态应该不能持久。

从熬夜这件小事也可以看出，孩子们很容易受彼此的影响。如果在孩子们之间建立起相互帮助、一同进步的制度，情况也许会改变。如果能够做到这点，即便现在的工作人员人手不足，于孩子们的成长也是有益处的。有位指导员也提到，这虽不能轻易做到，却是最理想的状况。

饭后，孩子们换好衣服，背好书包，7点30分在福利院门口集合。小学生由指导员陪着一起去学校。初中生、高中生自己去上学。

我也跟着小学生一起去。从福利院到小学的路上，是一如往昔的田园风景。5月晴空蔚蓝，老鹰悠然地盘旋。

到了小学，因为校长在校门口，我走上去自我介绍并询问一些福利院小孩的事情。

"福利院的孩子们的情况怎么样？如学业情况、在学校的表现等？"

"学习情况和普通家庭的孩子没有什么大的差别。当然不是所有人都这样。光从行为来看,有几个小孩比较喜欢捣蛋。虽说如此,但和三四年前相比,以自我为中心的孩子的数量大为减少。"

孩子们去上学后,是负有监护职责的儿童指导员唯一可以安心休息的时候。虽说如此,他们要做的事情还是很多。洗完餐具之后,还要仔细打扫起居室和洗手间,晒被子,记录孩子们的成长。这个记录类似于日志,每个孩子用5行左右的文字,记录其当天的表现,供下一个时间段工作的人员详细查看。此外,还要阅读学校发给孩子们的通知,进行必要的处理,记录去医院看病的孩子们的状况,给孩子们准备点心,总之十分忙碌。

员工会议

福利院每周召开一次员工会议。会议上会确认福利院的整体情况及进行各组汇报。我入住的福利院是由10人左右的三个宿舍及两个"集体之家"构成。一个"集体之家"里生活着6名孩子。每个孩子有自己独立的房间,和儿童指导员进行集体生活。

员工会议上议论的报告和问题大多数时候是十分沉重的。比如,以下是某个工作人员的汇报。

小崇因为躁狂和抑郁而去医院看病。他在学校胡闹并对周围的同学动粗,学校要求我们派人陪同上课。这次小学六年级的修学旅行,学校也提出同样的要求。

03 尝试入住儿童福利院

如果完全按照学校的要求做的话，福利院的日常工作都难以开展。因此，我希望和学校再度沟通。

据说，这样的话题是家常便饭。儿童福利院的孩子很多都有某种身心方面的障碍。

障碍分先天和后天两种。患有先天障碍的小孩，因为不易养育，有时就会受到父母的虐待。也有孩子原本没有障碍却因为父母的虐待使大脑发育受到重大的创伤，这是由虐待造成的后天障碍。小崇本身就有智力障碍，加上受到父母虐待，因此障碍程度就更重了。

入住福利院以前，我也经常和小崇一起玩。作为小学六年级的学生，他身高偏矮，肤色浅黑，眼角细长。小崇喜欢打击乐器，我们经常一起拿着鼓槌玩耍。虽说有智力障碍，但是玩耍的时候他与我出生的村子周围的小孩没有什么区别。虽然有一些调皮，但小孩大多都这样吧。

两个多小时的员工会议结束后，各组还要继续开会。

大家在分组会议上讨论了小崇升学的事情，出现了以下的对话。

儿童指导员（负责代行父母职责照看小孩生活）：学校的樱木老师说，差不多应该决定是否把小崇送进特别支援学校（有障碍儿童就读的学校）了。樱木老师的想法是先让小崇去参观特别支援学校，然后再和小崇的父母一起去参观，借机向他们推荐特别支援学校。下个月恰好是7月，有特别支援学校的参观会，学校希望在此之前获得我们一定的认可。

家庭支援专业咨询员（family social worker，又称家庭社会工作者，负责协调小孩家庭及其他）：话虽如此，现在来协调7月带父母去参观非常难。福利院的工作人员和小崇一起去参观的话倒是可以协调，你觉得怎么样？

儿童指导员：可是校方担心如果我们福利院没有获得父母的许可就带小孩去参观，父母会不高兴。

家庭支援专业咨询员：又不是做决定，只是参观的话应该没问题吧。另外，小崇的父亲似乎对特别支援学校持有较为负面的看法。据说他家附近也有特别支援学校，里面很多孩子患有重度智力障碍。"我家小崇虽然在学校不太会读书，但不至于要去特别支援学校。"小崇的父亲前几日还谈及这事。

儿童指导员：父母是担心费用的问题吧。

家庭支援专业咨询员：费用的事情下次会面的时候再试着商量吧。

心理治疗师（负责采用心理疗法医治孩子们等）：还有"爱之手账"也要拿到。经检测，小崇的智商是55左右，是可以拿到"爱之手账"的。小崇的评级是4级吧。智商为55的话，本来可以认定为更严重的障碍，障碍的程度是根据人的社会性等因素综合判断得出。（"爱之手账"是东京都给智力障碍者颁发的手账，按照障碍由重到轻的程度分为1级至4级）。

儿童指导员：可是没有家长的签字是拿不到"爱之手账"的。所以我想，可能的话让家长一起参加7月的参观会。最好是让小崇在7月以前参观一次特别支援学校，让小崇在父母面前表达对于特别支援学校的认可。所以要尽快通知小崇。

家庭支援专业咨询员：不光是这件事，其他孩子的升学问题也要尽早通知。我们有必要告诉孩子们为什么会来到这里，为什么过这样的生活，还有他们自身所处的境地，以及选择这样升学的理由。因为对于至今为止的事情原委，不同的孩子有不同的理解，而且会倾向于将自己的过去按照对自己有利的方式进行理解。我想一有机会就要把状况整理一下，告诉孩子们他们自己的起点，而且他们有权利知道这些。

在其他孩子身上，同样的话题也还在继续。来到福利院的孩子的家庭大多面临一些问题。和孩子们的家庭沟通是家庭支援专业咨询员的工作，范围涉及多方面。随着受虐待孩子数量的增加，负责心理治疗的工作人员也成为专职员工，专门负责应对孩子的问题。

孩子们放学后

周三员工会议那天，工作人员特别忙碌。值夜班的儿童指导员从前一天的下午1点开始就没有合眼，一直在工作。

会议结束的时候，小学生也就回来了。初中生和高中生大概在两三个小时之后才回来，因为很多孩子有俱乐部活动，要到吃饭的时候才回来。

小学生回来之后，立即开始做作业。完成的作业由儿童指导员进行检查。小学生的作业内容是默写汉字、朗读课文、数学运算等。我十分怀念他们那封面上印着动物图案的默写汉字用的笔记本。

宁宁兴高采烈地回来汇报在学校考了好成绩。雅彦因为把老师给的信封弄丢了正泪眼汪汪。裕太手舞足蹈地用东北口音滔滔不绝地讲他放学途中遇到的大青蛙。这些和我在孩童时代回到家里和母亲的对话没有什么差别。

作业完成后就是自由活动时间。作为实习生的我也被孩子们邀去一起玩。我感觉对不起忙于工作的儿童指导员，就对孩子们说："稍等一会儿。"工作人员说道："难得有机会，你就一起去玩吧。"

孩子是玩耍的天才。孩子的天真烂漫并不因其背负的过去而丧失，一个球、半截木棒都可以用来玩耍。有一个足球，铁棒当作一边的球门，自行车停放处当作另一边的球门，就可以开始足球比赛。放学归来的初中生、高中生也一起加入我们，大家追着一个球跑。

只是在比赛中发生争执的时候，孩子们受过虐待的痕迹就会显露出来。有些孩子还会抓着对方的头部摁，也有些孩子相互殴打。对于这些孩子来说，这是一直以来日常生活的一部分，是和对父母的记忆一样，不会轻易消失的习惯。

工作人员来喊院子里玩耍的孩子们一个个轮流去洗澡，一两个人每半个小时一轮。小学生的洗澡时间是在晚饭前，初中生、高中生相对自由一些，在一定的时间内都可以洗澡。

晚饭6点半开始。工作人员把厨房的小菜端到起居室，盛放在盘子里。每个盘子上都写着孩子们的名字，儿童指导员往里舀小菜。因为清楚每个孩子的不同喜好，所以他们会酌情增减小菜。

今天吃炸鸡块。厨师大泽先生为了让孩子们吃到刚炸好的美味炸鸡,临到吃饭时才开始全力炸鸡块。大泽先生以前是儿童指导员,为了让孩子们感受到食物的美味,让他们的生活变得更好,所以考取资格证当上了厨师。

炸鸡块是孩子们喜欢的菜,指导员老师看到孩子们的食量增加,所以事先多煮了饭。今天是每人9合。

桌子上放着餐具垫,上面摆着装了新小菜的碟子。盛饭和打味噌汤是孩子们的工作。

伴随着"我开动了"的声音,大家开始吃饭。孩子遇到不喜欢的小菜,可以和对桌的小孩交换。因被忽视(父母放弃抚养)而来到福利院的让二原先都是吃垃圾食品,体重是同龄人的两倍以上。自进入福利院以后,让二听从老师的话开始慢慢嚼饭。因为这个习惯,让二在入院一年后减了10公斤。

吃饭结束后,孩子们有片刻自由时间。许多孩子开始在起居室看电视。很多时候看的都是反复播放的录像节目,都是电视剧、笑话、音乐等。因为从洗餐具的厨房可以看到电视,我对日本的娱乐圈了解了更多。某个电视剧反复播放同一集,很多画面都和家庭关系有关。

每天7点半开始有30分钟的学习时间。小学生在起居室里解数学问题。不同的小孩水平差距相当大。有小学六年级的学生不会做按顺序减法,也有小孩不会做两位数的乘法。小崇碰到不懂的问题就会说"我不会做",并把习题本扔在一边。一想到他在学校碰到不懂的问题,被同学们冰冷的眼神和辱骂所伤,我就觉得心疼。

大学生学习志愿者每周来一次。每个小孩和一位大学生一起学习。很多小孩似乎都很期待这一天,大学生快要来的时候,大家都感到心神不宁。

志愿者的存在比我们想象的要重要。因为他们和孩子们学习及玩耍的那段时间,福利院的工作人员可以集中精力做其他工作。

学习结束后,孩子们也有片刻的自由时间。然后,很快就到了睡觉时间。幼儿是8点,低年级小学生是9点,高年级小学生是9点半,初中生、高中生是10点。指导员老师看着孩子们刷牙的同时,还要回顾当天孩子们表现好的地方和努力的地方,对他们进行表扬。这样那样忙完就到了睡觉时间,孩子们的夜晚来临了。

为孩子们的前途而烦恼的工作人员

这一天,我无法忘记员工会议上的事情,直到很晚还和留在福利院的家庭支援专业咨询员小林先生,以及心理治疗师立川先生在员工室里商量小崇的升学问题。

特别支援学校指的是以让身心有障碍的儿童接受相应的幼儿园、小学、初中、高中教育,以及让儿童克服学习上或生活上的困难而达到自立为目的的学校。

智力测试的结果很差、对周围人有施暴倾向的小崇是应送到特别支援学校还是普通学校?这需要衡量各种风险和可能性才能做出选择。

"去特别支援学校的好处在于可以积累培养自我肯定感的成功体验,以及毕业后能够获得稳定的收入。"立川先生说道。

即使学习水平在普通初中垫底,到了特别支援学校也会为周围所瞩目，从而积累成功体验。而且特别支援学校的师生往往比普通初中的水平高，学生能够得到充分的关爱。加之特别支援学校会进行特定职业的重点就业训练，毕业以后能够找到工作的可能性很高。得到障碍者认定，工作就更容易找到了。

反之，不好的是，一旦进入特别支援学校，在入学的那一刻，小崇未来的工作就基本确定，很难再获得更好的机会。特别支援学校毕业的学生就业范围有限。

在普通学校上学的好处是孩子们具有巨大的成长可能性。受朋友、老师的影响，他们可以发现自己的兴趣点，可能会获得周围人都无法想象的成长，并且也会有更大的选择范围。

另一方面，不利的是，孩子被过高期许可能导致其持续保持劣等感。只要没有遇到好机会，他们就会持续进行自我贬低，最终会摧毁自己。初高中都不去上的话，以后人生的可能性就狭小了。

之前也有提及，关于儿童升学方面的权利仍然掌握在父母手中，所以经常出现儿童福利院工作人员的期望与父母的期望不一致的情况。这主要有两个原因。

一是各自立场不同。福利院的工作人员虽说代行父母职责，但毕竟处于代行抚养的立场。福利院不得不对各种事情"以防万一"。因此儿童福利院的判断偏保守，常推荐未来能够稳定下来的特别支援学校。与此相反，父母往往会期望过高，倾向于在可能性上孤注一掷。

二是各自应对此类案例的经验有别。儿童福利院的工作人员长时间关注障碍儿童的升学现实，他们看到很多有智力障碍的孩子进入普通学校后不如人意的结果。而很多父母却是第一次知道这种情况，无论工作人员如何劝说，只要是孩子没有真正在普通学校"生存艰难"，他们就很可能会轻视其困难程度。

担任心理治疗师的立川先生说道："看着小崇，有时我会感到难过。"小崇原本非常亲近人，偶尔只有我们两人一起去上学的路上还会向我撒娇："喂喂老师。"而快到学校时，他突然态度大变，像不良少年一样，说："我走啦。"

据立川先生分析，小崇的行为是因他在学习中无法赢过其他人而进行的自我存在感的建立。学习和体育处于劣势的儿童，因其单纯而很难在众多儿童的残酷竞争中找到立足之地。为了找到立足之地，需要使用某种手段进行自立。可是小崇的选择有限，因为无法在学习和体育中成为第一，只能通过"虚张声势"来维持自我的立场。想到这里，立川老师就觉得难过。

在懂事之前就被暴力虐待的小崇，存在后天发育障碍的可能性很高。我越想越觉得难受。

"大家各有各的难处"

和老师谈话结束回到房间已经是凌晨1点多。在漆黑的起居室里，我也一起参与了奈美惠和龙雄的聊天。

奈美惠：现在的高中超级有意思的。我交到很多朋友，大家约定下次一起去东京。但是没有钱怎么办？一定要打工，打工。真的，我最近觉得很自豪。上学一次也没有迟到。以前的话，早上8点才起来,因为8点半上课,所以我都快速换好衣服冲刺到学校,勉强能赶上。

我:哦哦,那一天吗?感觉你那天早上表情超级慌,到起居室拿了面包就跑了。

奈美惠:是的是的,那天真的是奇迹。

龙雄:干得不错。我就算了,觉得学校真没趣。

我:是吗?我觉得蛮有趣的,虽然也很糟糕。我以前的学校有很多不良少年,也有很多可怕的学长。

奈美惠:不会吧,那是什么学校?果然因为你是大叔吗?不同时代的?

我:大、大叔……我比奈美惠和龙雄大一轮哦。我是去朝鲜学校上学,在日韩国人和朝鲜人的孩子去的地方。我爷爷奶奶从现在的韩国来到日本,我就在这里长大,去朝鲜学校上学。

龙雄:话说回来,慎来这里做什么呢?社会实习吗?

我:我创立了一个非营利组织,在柬埔寨等海外开展活动。刚好下次还要去。然后,我就想在日本和大家一起做些什么。所以就拜托小林先生让我在这里实习。我的实习快要结束了,不过我以后也会经常回来的。

奈美惠:哦,柬埔寨啊,我知道,是在东南亚对吧?

我:是啊是啊。柬埔寨那里的人一年的平均收入只有6万日元左右。城市的人越来越富有了,可农村的人还非常贫穷。生活在没有水电气的地方,台风吹来时大家都要一起挨饿。

我谈了柬埔寨的贫穷生活,突然奈美惠这样说:"那也没有办法,大家各有各的难处。这没有办法,怨恨也不会改变什么。所以现在怎么做最重要,明白吗?"

我感到吃惊。这和经常与我聊天的初高中学生的反应完全不同。一般的初高中生会说"是吗?我不知道原来还有这样的地方"之类的,如同隔岸观火一般。我今天第一次听到与自己遭遇不同,但能够从同理心出发发表感想的初高中生。

在达到这种心境之前,她一定经历了精神上的反复试错吧。

她以前的理想是成为西点师,现在似乎考虑当护士,这也许很适合她。因为福利院的孩子的心理问题和一般人的心理问题在本质上是没有区别的。大家都有不为人知的一面,都隐藏着某个不希望被人触碰的"心灵要害"。其大小和被触碰时的疼痛程度虽有不同,但在存在要害这一点上是没有区别的。儿童福利院的儿童很多都将他人受的心灵之苦看作自己痛苦的延伸部分,也许这可以安慰他们。我觉得那样的护士很美。

和他们俩聊天十分有趣,转眼就两个小时过去了,已经是凌晨3点。我第二天早上6点要开始工作,必须去睡了。

我正想回房间,又遇上了今天值夜班的儿童指导员铃木先生。他是位十分耿直又严格的人。

他问道:"你在做什么呢?"糟糕!要被骂了。

"我想机会可能不多了,所以不知不觉就说了很多话。"我回答道。

"你这样做可让我困扰了。现在是我要确认他们是否好好睡觉的时候。算了，下次不要再犯就好了。"

　　说完这些，他急匆匆地走回值班室了。

　　或许这是他表达善意的方式。从房间构造来看，起居室距离值班室很近，时不时巡逻的铃木先生肯定能听到我们的说话声。值夜班的他应该已经来过起居室提醒睡觉了，只是因为听到我的说话声，所以才一直在等我。我觉得这是严格的他关心别人的方式。有这样的人日夜不辞辛苦为孩子们操劳，想到这儿，我佩服得五体投地。

　　就这样结束了漫长的一天。下一章我将总结入住福利院一周的心得。

04
现场见闻

尽管其间发生了很多事情,但入住福利院一周的时间一晃就过去了。我白天做实习的工作,晚上和工作人员及孩子们一起聊天,或阅读福利院内有关儿童福利的资料,时间排得很满。

儿童福利院的日常生活都很规律。一周、一个月、一年,循环往复。入住福利院学到很多东西,我想简单总结一下。

生活的原貌

实习时看到的孩子和平常的孩子很不一样。听说刚来儿童福利院的小孩大多令人惊讶,让人觉得他们是"乖孩子"。据说受到大人苛待的小孩会有意展示自己积极的一面,好让大人们接纳他们,对于客人也是一样。这也许是为了生存而养成的习惯,很多孩子擅长看大人脸色行事。

有一位儿童指导员这样说道:"这些孩子真的很会观察大人。当我觉得心情不愉快或者身体不舒服时，即使没有表现出来，他们也会问，'怎么了''今天心情比平时糟糕吧'。"

生活中，孩子们表现出的不是一本正经的样子，而是真实的样子。据说，在福利院待几个月后，大部分的孩子都会表现出真实的自己。这既是为了让自己更快乐，也是为了观察大人们是否会接纳不是"乖孩子"的自己。

龙雄是在我入住之前曾经与我交谈过的孩子。他头发中长，单眼皮，眼角细长，非常沉默寡言，是个善良的孩子。但是，龙雄在晚饭的时候却能若无其事地对指导员说："你很烦人！好恶心！揍你脸，把鼻子打断怎么样？"而且，并非只有龙雄一人会说出这样的话。

对于前来辅导学习的大学生志愿者，龙雄会说出"不要靠近我"的话。在手拿学习用品的大学生面前，他在低头咂嘴玩任天堂的游戏机。不知如何是好的大学生来回看着桌子对面的龙雄，把玩着电子词典。后来我问龙雄："为什么那样做呢？"龙雄回答道："哦，我是在观察他是不是认真的。"

兼任父母和护理人员的儿童指导员及保育员

和现场的工作人员一起工作才能亲身体会到他们是怀着什么想法在工作的。

儿童福利院里与孩子们一起生活的儿童指导员和保育员既是监护人又是看护人员。他们不仅要煮饭（小菜会由厨师做）、打扫起居室、清扫洗手间、洗衣服等，还要负责接送小孩、应对来自学校的不满、陪伴就诊和升学前的谈话、确认服用镇静药的孩子的用药情况、制作孩子的成长记录表等。

不得不指出的是，儿童指导员大多情况下面对的不是在普通的幸福家庭中享有充分关爱成长起来的孩子。孩子们的心灵创伤很深，有时在学校也无法控制情绪。对此束手无策的学校就会要求指导员陪同孩子上课和修学旅行。为了抑制强烈的冲动，孩子们有时需要服用猛药，如果误服将会有危险，因此常常需要有人注意。

要治愈孩子长时间遭受的心灵创伤，最重要的是付出同等时间和程度的关爱。要让因受虐待导致的创伤愈合，就要付出与孩子们受的虐待同样多甚至是更多的时间。

然而，目前仅靠国家拨款，难以进行这样周到的看护。按照现在的标准，小学以上的孩子每6个人只配一位儿童指导员（3岁至上小学的小孩每4个人配一名工作人员，3岁以下的幼儿每2个人配一名工作人员）。

每6个孩子相应地配一名人员并不意味着一名工作人员只需要照看6个孩子。更多的时候，工作人员是轮班工作。后面的章节会详细介绍，根据2008年的调查，平均一位工作人员在上班期间需要照看10名小孩。我也体验过，一个人照看10名小孩，仅能够完成日常工作。

但是，儿童指导员有很多其他事情要忙，还要照顾孩子们的需求（其需求和普通家庭的孩子相比，也稍微有些节制）。可如果不能照顾好，也会被骂。儿童指导员就算被骂、被挑衅，也只能默默忍受。儿童指导员在理智上能够理解孩子的脏话和挑衅并不仅是因为孩子本人不好，而是其成长环境造成的，但要在情感上理解并原谅对方却并不轻松。

儿童指导员的生活也不规律。值夜班的儿童指导员从下午1点开始工作，一直工作到第二天的下午1点，之后的一天休息。但是有员工会议的时候，工作要到值夜班的第二天傍晚才能结束。

按理说，强度大且专业性要求高的工作应该得到更高的报酬。指导员是培养儿童福利院孩子的专业人士，没有经过培训是不能做的。然而，按照国家规定的最低标准支付相应的工资的情况，年轻的员工每个月到手工资只有20万日元左右。本应支付给专业人士更高的报酬，可掌管工资发放的机构不能很好地发挥作用。据说，受一时福利院内部虐待事件等的影响，希望到福利院工作的人比以往少了很多。

这份工作工资不高，社会评价也不是非常高，很多人是出于对孩子们的爱而工作的。

我向所有工作人员提问："为什么坚持这份工作呢？"

得到的回答大多是这样的："因为看着孩子们成长，让我们感到有意义。"

然而，要坚持高强度的工作是很难的。儿童福利院的员工平均工作年数是10年以下，这是很大的问题。平时很照顾我的家庭支援专业咨询员小林先生这样说道：

"儿童福利院是孩子们的第二个家。所以，离开福利院之后，孩子们会在人生的某些阶段再次出现在福利院。有时候是工作不顺，有时候是结婚生子等。这时候，很多熟悉的工作人员的出现对于孩子们之后的人生很重要。但现状并非如此。拿着低工资，一边说着'被小孩的笑容感动'一边却要继续工作是很难的。各个方面表现出来的资金不足问题相当严重。"

小林先生说这话的两个月后,有一位工作人员辞职了。在下一个新员工入职到他熟悉工作期间,其他员工的负担会加重。

难以培养孩子们的自我肯定感

很多孩子仅因为自己进入儿童福利院就心怀自卑感和自我厌恶感。但是,一个人未来想要自立的话,自我肯定感十分重要。培养自我肯定感需要每天成功经历的积累。

一天傍晚,孩子们完成作业之后,开始把晒干的被子装进被套。小崇因为不会装被子而号啕大哭。

雅彦斜眼看着小崇缓慢地把被子装进被套。一直以来都说自己不会,也从未想要动手的雅彦和平常有些不同。雅彦由于父母患精神疾病导致抚养困难而来到福利院。这个孩子做什么事情都容易放弃,但还是在一点点进步。

雅彦的被子装了一半,因为身高的原因够不着,我就帮忙拿住被套的一端,把被子的四角与被套的四角打结,然后雅彦拉上被套的拉链。但拉链稍微一动就卡在布上,他却也不着急,最终把被套拉链拉好了。

在一旁看着的指导员感到十分欣慰:"雅彦君,做得漂亮。你一直以来都说自己不会做,最初可能不会,但是你看今天,自己开始试一下也就会做了。今后也要多多努力哦。"

孩子们的自我肯定感就是这样在日常生活中一点一滴培养起来的。一个人的精神支柱的源泉就隐藏在日常生活的每一个不经意之中。指导员老师们要捕捉那样的瞬间，以培养孩子们的自我肯定感，有时能够顺利进行，但不顺利的情况要占大多数。即便如此，他们也一步一步、脚踏实地地坚持。

另外，对于受过虐待的孩子而言，生存本身就需要付出很多的努力，他们有时并没有除此之外的余力。一位有过虐待经历的人这样说道：

"孩子们的自我肯定感低，所以在实际生活中很吃力，我理解这一点，可是我认为还有其他方面的原因。我以前也为了生存本身就付出很多的努力，常常要看父母和别人的脸色，一边忍受紧张、孤独、恐惧，一边鼓励比我小的弟弟妹妹。这样的努力已经强烈消磨了我幼小的身心。如果长此以往，要做其余的事情，比如说思考自己的将来、如何努力，就已经没有精力了，因为活着本身就已经把精力消耗完了。为了不让父母讨厌，装出自己认为这次也许能够得到父母表扬的笑容，做讨父母喜欢的事情就已经耗尽精力。

"我认为，在受虐待的孩子看来，他们已经很努力了，可也许在旁人看来，他们在实际生活中什么都没有做。"

要培养儿童福利院的孩子们的自我肯定感也许就像在沙漠中培育植物一样难。土地一旦变成沙漠，想要还原是十分困难的。无论如何努力，只要发生一点小小的意外就会被打回原形。在学校和其他地方遭受他人轻蔑的眼神，以及因为一点事情而回想起来的痛苦记忆，就可以轻易地将工作人员努力为孩子们培养的自我肯定感摧毁。

即便如此，我们也还是要每天踏实地做该做的，够幸运的话，也许能够改善孩子们的情况。就算是沙漠，也还是有可能培育出植物的。孩子们也会因为某个机缘而找到自己的出路。我认为那时候，孩子们获得的力量会远远超出常人。

认为自己是依靠自身的力量摆脱逆境的人，也许会误解自己的自我肯定感和由此而生的"能够努力的能力"。经过努力达到成功的人大多把自己的不断努力归结于自身精神力量的恩赐，这是不正确的。能够坚持不懈努力的强大心志不仅依靠自己的性情和自我驱动，还依靠自身以外的人和自己一起在日常生活中培养。大多情况下是父母，根据情况不同，也可以是社区或学校的老师。

然而，进入福利院的孩子们大多数在之前都还没有机会接触到这类大人，进了福利院之后也不一定有机会。很多福利院仅靠地方政府的补贴款而活，面临资金短缺的困难。按补贴款发放标准，小学以上的小孩每6人仅能拥有一位儿童指导员（有些地方的补贴会更多，在之后的章节中会说明）。

身边的陌生人也可以帮上忙

和我们到了叛逆期就基本不听父母的话一样，儿童福利院的孩子们到了同样的年龄也不大听儿童指导员的话。许多孩子会顶嘴："你又不是我爸妈。"

但是，以我们自己的经历来看，即使处于叛逆期，倾听周围人的话的例子也很多。孩子们身边的陌生人也许能够提供给他们一个倾听他人说话的契机。以下两件事是我产生这个想法的原因。

一天，负责打扫卫生和洗衣服的大妈含泪对不去上学而在游荡的龙雄说："我也是父母早亡，小学的时候就开始一个人生活。那时候的苦实在令人无法忘怀。可是自己总算活下来了，那是托周围人的福。你也努力去一次学校怎么样？"

第二天，两个月没有上学的龙雄去上学了。据说这是大妈和龙雄之间的秘密。

另一件事是大学生志愿者和又不上学的晴子一直认真地说一些学习之外的事情。我也不确定志愿者具体说了些什么话，大概内容是"就算发生了很多事情，去学校上学还是很重要的"。

第二天，晴子时隔数月终于去上学了。

身边的陌生人虽然不能够实实在在地支持孩子们的成长，却可以给他们重要的契机。于我而言也是如此。我想要做这样的工作的契机，也是大学时代认识的一位企业家给我的。

儿童福利院是孩子们的第二个家，参观进出的人员过多是不合适的。但一部分更加开放的福利院工作人员期待孩子们能够接触各种各样的大人，因为这可以让孩子们拥有更广阔的视野。

金钱的重要性

有金钱也并不一定能够幸福，但社会上因为没有金钱而变得不幸的人比比皆是。孩子们的不幸在进入福利院以前就开始了。

进入福利院的孩子大多来自经济上有问题的家庭：享受生活保障，热衷于柏青哥[①]和钓鱼的单亲父亲家庭；不断换工作、打零工，

[①] 柏青哥：日本一种赌博游戏机。——编者注

月收入不足10万日元的单亲母亲家庭。据厚生劳动省统计数据可知，大多单亲家庭（特别是单亲母亲家庭）的收入明显更低。

贫穷从各个方面腐蚀了父母和孩子的心灵——职场的压迫感，生活看不到希望的绝望感，周遭冰冷的眼神，不能得大病的不安，等等。在这种环境中，身边柔弱的孩子就成了父母的压力发泄口。很多时候也不会这样，但是人类是十分容易被环境左右的生物。要求生活在窘困中的人"要关心他人"是苛刻的。

没有金钱造成的不幸在孩子们来到福利院之后依然会降临。

全国580家儿童福利院中，没有宗教法人和企业经营者等支撑的福利院大部分都面临资金困难的问题。据说其数目大致为400个。

福利院的运营中最花钱的是人力。雇用一位年轻的员工一年需要花费500万日元。在资金上最困难的儿童福利院只能依据国家规定的最低标准勉强雇用员工。在那种状况下，工作人员很难对每一个小孩看护周到，孩子们的精神创伤就更难愈合了。

而且福利院之间的差距很大。有的福利院至今没有出现上大学的孩子，而有的福利院在同一学年内5人全部都上了大学。上大学也许并非是评价福利院唯一的指标，却是孩子们恢复到某种程度的指标。我觉得孩子人数与员工人数的比例与孩子的升学率有一定的关联。

孩子们进入儿童福利院就第二次被置于命运的偶然境地。孩子不能够选择出生的家庭，也无法选择儿童福利院。首先，孩子的成长被出生的家庭环境所左右。然后，被安置到不同的儿童福利院，以后的成长又会大大地不同。或到资金充足的福利院得到悉心的看护，或到资金短缺、情况糟糕的福利院，这些都是偶然。

我认为社会的一个功能就是防止人的命运被神的偶然性摆布。保险制度和合作组织等就承担了这样的角色。孩子的成长关系到国家建设及社会共同体未来的重大事情，理该尽可能公平地为其提供成长的基础环境。

精神烦恼大家相通

进入儿童福利院的孩子经历的状况大多是无以言表的悲惨故事，孩子们的内心大多都有深深的伤痛。

比如，福利院的孩子们有"咒语"，也可以称为"禁语"吧。那是与某种恐怖的记忆联系在一起的，像"菜刀"这样的具体词汇，或被人叫"废物"。距离造成心理创伤的事件并不久远的时候，听到那样的词汇，情况严重的孩子会失去意识。这种称作"解离"的现象是将带来伤害的外界隔离，进行自我保护的应激反应。

长大一些之后，小孩们就学会了如何巧妙回避对自己不利话题。在日常的谈话中，为了不触碰到让自己面对痛苦现实的话题，他们会在关键时刻转换话题。如果不能如愿的话，就会生气或跑到某个地方。

这里不得不说的是，孩子们的精神伤痛并不是正常生活的人们所不能够理解的。人内心都会有不希望别人触碰的伤痛。很多人内心也都有无法对任何人说的悲伤回忆。

儿童福利院的孩子们患有的精神问题就像人们精神伤痛的延伸。尽管程度和具体的内容不同，但是我认为其本质是精神问题这一点是相同的。

我自己也有几个"咒语"，听到那些词时，有段时间会感觉灵魂脱离身体，反应变得迟钝。为了不听到那些词，我也进行了这样那样的努力，现在已经深入体内。其结果是让自己去努力行善。

过去不可改变，只能留存在时间流逝的彼岸。对于过去，我们能做的是赋予其意义。因某些痛苦的回忆造成的精神伤痛，通过不同的方法也可能变得正面。

想要改变令人讨厌的自己，这种想法本身就会驱使人往好的方向改变，行动起来就有可能通向成功。当然，仅靠"希望被人正面地看待"的动机，要持续下去毕竟有极限，但是作为开端，怀抱这种想法也不是坏事。

而且，心灵受伤的人能够理解有同样境遇的人的痛苦。人也许只能在自己经验的延长线上理解他人。没有失恋过的人就很难理解失恋之人的痛苦，没有失去父母的人也很难理解失去父母的孩子的痛苦。我认为儿童福利院的小孩更能理解他人的精神痛苦的能力，也许在某一天会成为其无法替代的财富。

我想起了茨木则子的诗《汲取》。

> 一切工作
> 一切好工作的核心
> 都隐藏着微颤的天线
> 一定……

孩子的康复

福利院工作人员的另一个动力是孩子的成长。我父亲当了40年的教师，他说最让他高兴的就是学生的成长了。

尤其是刚来儿童福利院的时候，孩子们的问题大多十分严重，但其之后的成长也十分惊人。原本枯瘦的孩子变得胖乎乎。反之，原本肥胖的孩子会变得苗条。或者刚来时只会胡闹的孩子会学会温柔对待比自己小的孩子。看到孩子们的成长，工作人员不禁觉得人有无限的可能性。

每天不断的会议中，儿童指导员们也会谈到孩子们当天的状况和当天做的"好事"。谈到这些时，工作人员脸上洋溢着喜悦之情。

一直轻易放弃的雅彦第一次把被子装进被套里的时候，我感动得哭了。完全不笑的小孩在某一瞬间露出笑容，是多么令人感动和喜悦。

会议上也有一些关于虐待和精神伤痛等的沉重话题，但是福利院中的现实生活并没有充溢着被打垮一般的沉重氛围。孩子在哪里都能够创造玩乐场所。我以前到访过柬埔寨和孟加拉国的贫民窟，那里的孩子们总能找到什么来玩乐。树枝、废弃的轮胎、沙子都可以成为玩具。

儿童福利院里的生活大部分也充满了孩子们天真烂漫的笑容——踢足球、投接球、制作篮球筐、在放学路上抓虫子、玩游戏等。和孩子们一起的时候真的很开心，也很有活力。我认为儿童福利院的员工持续前进的强有力的动力之一，就是孩子们的笑容。

找到了！

入住福利院使我明白了很多事情，也知道了 LIP 的提案未被接受的原因。那么，LIP 能够做些什么却仍是不明朗的。

我最终看到一线曙光是在入住的最后一天。我回顾实习情况的时候，在员工办公室和小林先生谈话。

"小林先生，这段时间真的十分感谢你。同孩子们还有工作人员一起生活，我发现我们之前的提案偏差很大。办事还得靠行家，对吧？"

"不不，别这么说。你们能对福利院感兴趣我们已经很感激了。"

"通过实习，我感觉到我们最能做的应该是募集资金或为孩子们提供就业咨询这些吧。"

福利院的工作人员都是各自领域的专家，他们能够发挥的作用并不是我们能够替代的。办事还得靠行家。

我们能做出的最大贡献就是自己擅长而福利院工作人员觉得困难的事情。

"的确如此。孩子们过了 18 岁就必须独立生活。因此如果有人能帮助他们进行独立前的准备的话，我们将非常感激。我们从大学毕业后就一直在这里工作，所以也很难了解当下的社会是什么样子。"

"真的是这样。还有呢？"

"再有的话，要翻新福利院还需要几千万日元，到目前为止，我们从当地的人们还有企业那里筹措了一定的资金，剩下的真的不知道该如何筹措了。"

我有些惊讶。但是从事金融工作的人应该知道原因。

"仅还要几千万日元吗？虽说不能立刻办到，但还是能够筹措到的。"

"真的吗？不愧是金融专家。"

"我离称为专家还远着呢。但是如果方式得当的话，我觉得能够做些什么。我想资金一定会朝着有意义的地方汇聚的。福利院翻新之后会怎么样？"

"我想想，首先福利院要搬去的新地方是在森林里，不像现在的福利院在国道边上，不用担心小孩子出现事故，生活也更加安稳。孩子们在绿色的环境里可以充分地玩耍，晚上也能够安然入睡，心灵也容易安定。"

"哦哦，那挺好的呢。"

"还有就是，现在孩子们住在称为'中舍'的相对大的地方共同生活。搬迁后每一栋建筑都隔开，孩子们能够在更接近家庭的环境里生活。而且，改变成这样的形式能够获得特别追加预算，最多可以获得增加雇用4个员工的补助金。"

初次听到这样的事情，我十分惊讶。

"哦，是吗？那样很厉害啊！新建福利院可以获得4个员工名额，一个人每年的补助金大概是500万日元，也就是每年能获得2 000万日元左右，是吗？"

"是的呢。总工程费用大概4亿日元，其中七成左右是国家的补助金，但还是有些不够。"

我更加惊讶了。

"哦？假设国家补助占七成的话，如果有1亿2 000万日元（三成），就可以建4亿日元的福利院，然后每年可以多获得2 000万日元左右的补助金对吗？"

"计算得好快啊。就是这样。"

我感到兴奋。有1亿2 000万日元，就会有2亿8 000万日元的建设费用补助金及每年新增2 000万日元的人事费补助。大致说来，1万日元就变成10万日元。当然，我并不是纠结于资金多少，很少的资金也可能对孩子们的康复带来很大的影响。而且这是全国的福利院都可以做的事情。

在我还在不断思考的时候，小林先生继续说道："因为资金有些不足，所以想要借款。"

这又是可能和自己本职工作相关的话题，我想会不会又出现什么"金山"之类的。小林先生又继续说道："儿童福利院可以从公益医疗机构借款，像我们这种情况可以借5亿日元，借期20年，好像还是无息的。"

这就对了！

"借期20年，无息……意味着如果每个月借50万日元，一年就是600万日元，20年就是1亿2 000万日元。这样就可以新建福利院？增加员工？在全国范围内？"

"正常计算的话是这个结果，能够增员的人数各个都道府县有一些不同。"

"小林先生，这是很棒的事情。通常没有这么好的事情。20年间每月筹集50万日元，就会变成4亿日元的福利院及每年2 000万日元的补助金吧？因为国家的补助是稳定的，每年能够有 2 000 万日元，按现在的价值换算，20 年也有 6 亿日元左右。也就是说，每个月 50 万日元，变成了 10 亿日元。"

后续再详细说明小林先生所说的，现用图表示，即为图 7。

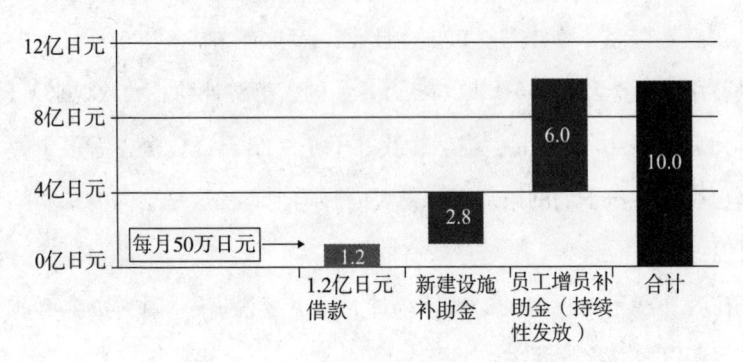

图 7 儿童福利院新建设施的效益

"就是这个了！"我想。

"小林先生，如果是这样的话，一定能筹集到。这是相当不错的方式。请一定让我帮忙筹集资金。"

"你是说真的吗？非常感谢。拜托了。"

那天半夜，我给 LIP 的成员发送了一封长邮件（部分有修改）。

日期：2010 年 6 月 3 日，0 点 26 分

收信人：LIP 教育项目

主题：【所有人 & 重要】儿童福利院收获三点及今后开展工作的两个方向

大家好！

今天是我入住儿童福利院的最后一天。现谈谈我的三点收获及两个我们今后开展工作比较理想的方向。

第一点，当地的情况仅靠参观是无法观察到的。

入住儿童福利院与通常的参观完全不同。与去有问题的家庭游玩，客人可能看不出有什么问题类似（专家也许可以看出问题）。

这次入住虽说短暂，但多亏了福利院的员工们全方位的支持，我才观察到很多东西。耳闻目睹了很多不为人知的秘密，下次见面时我将在允许的范围内尽可能分享给大家。

第二点，儿童福利院的孩子们的问题在于缺乏自我肯定感，但我们开展的活动并不一定非得直接与强化他们的自我肯定感相关。

孩子们获取自我肯定感是需要一步一步积累的。比如，当不会给被子加被套的小孩首次把被子装进被套的时候要特别夸奖他，诸如此类很细微的事情的积累。我今天终于看到了这一幕。在了解了这个孩子的所有背景后，看到这一幕时我感动得想哭。同时我也明白了，我们在全职工作之余要做好这件事是不可能的。

第三点，人应该发挥自己的专长以贡献于社会。

我们的立足点在于充分了解儿童福利院的状况，在比一般人掌握更多儿童心理知识的前提下，回归本职工作。因为适材适所对于社会整体而言是有益的。

基于以上的内容，我们能够为儿童福利院，当前是这家福利院做的事情有两点。

（1）为孩子们提供就业咨询

针对初中生和高中生，为使之能够在职业规划上有明确的目标而设置一个就业咨询专栏——有什么职业，需要花费多少金钱，需要通过什么样的路径等，尽可能具体化，就像电视剧《13岁的Hello Work》表现的一样。此外，也需要有涉及生活费、投资等生活杂学方面的专栏。我期待一年内进行各种各样的话题。

（2）提供资金筹措的支持

首先，帮助这家儿童福利院在2012年以前筹集到×日元以上。这所儿童福利院正在为改建而筹措资金，但是还需要×日元。到2012年，新的儿童福利院落成为止，我们要进行资金筹措的支持。期待新的儿童福利院内的生活环境会更好，孩子们的状况能够得到改善。

然后，新的儿童福利院落成后，由于增加了"集体之家"（小孩以小家庭为单位进行生活）的数量，国家发放的补助金将会增加，员工可以增加4名。我想大家之前在参观其他儿童福利院的时候也感觉到了，金钱、员工数、孩子的康复之间有很大的关系。

资金筹措是全国公立福利院面临的问题，我们要以树立福利院资金筹措模式的典范为目标。

总之，先写以上的内容。我们见面再慢慢商谈。

慎

就这样，LIP 的教育项目终于找到了前进的方向。成员们也都赞同通过就业咨询和资金筹措支持两方面，进一步进行需求的把握和分析，以思考出具体的行动方案。

我经常觉得，很多情况下解决问题的线索就在现场。我希望能一直铭记，在迷茫和烦恼的时候能够记得回到现场。

以上就是儿童福利院问题的体验篇。如果大家能够通过以上的内容感受到儿童福利院的氛围，我将十分庆幸。

下一章开始，我将具体分析和解说孩子们所处的状况及福利院的环境。要理解福利院问题的背景及具体内容，不仅需要了解它的氛围，还需要基于具体数据进行思考。

| 中篇 |

分 析

学而不思则罔,思而不学则殆。

— 孔子
《论语》

05
五个孩子的故事

　　以下三章将对福利院孩子的问题进行更加深入的分析。本章以个案分析的方式介绍案例。下一章分析孩子进入福利院之前的宏观原因。再下一章介绍儿童福利院孩子的特征。通过这三章的分析，寻找孩子们需要的环境及支援方式。

　　儿童福利院的很多孩子都遭受过特别严重的虐待。有些孩子经历了普通人无法想象的事情。以下介绍五个典型的案例。当然，虽说这些是典型案例，但实际情况却千差万别，并非一个案例可以概括。案例中使用的都是化名，但所言均是事实。

被忽视（父母放弃抚养）

　　龙雄小学二年级就来到了儿童福利院。他是兄弟姐妹四人中的第二个男孩，还有哥哥、姐姐和妹妹。龙雄的兄弟姐妹都和母亲一起生活。

　　龙雄的母亲高中毕业后没有固定的职业，一直在陪酒接客的行业工作。不久她认识了某个男人并开始和他交往，之后在枥木县的温泉旅馆上班，在和那个男人同居时生下了龙雄。

后来，龙雄的父亲不知所终。母亲每天很晚回家，白天也很少在家。龙雄和兄弟姐妹在几乎没有父母关爱的环境下成长。龙雄由姐姐来照顾，母亲几乎没有亲自下过厨，大家吃的尽是罐头食品。龙雄没有养成按时睡觉、刷牙、洗澡、理发等基本的生活习惯，小学开始就没有去上学，一直都宅在家里。

母亲不知是因为工作忙还是其他原因，基本不回家。

直到有一天，家里的水电都停了。"那时候真的感到震惊，现在也无法忘记。"龙雄回忆道。龙雄和兄弟姐妹去便利店买面包回来，在漆黑的房间里过夜。他们什么也不做，也什么都看不到，所以晚上大家凑在一起一直睡觉。由于周围邻居的通报，他们这才受到儿童咨询所的保护。由母亲继续抚养被判定为困难之后，年幼的龙雄就和兄弟姐妹分开，开始在儿童福利院里生活。大多像这样被送到儿童福利院的孩子，不仅和父母分离，也不得不和兄弟姐妹分开。

儿童在被送到儿童福利院之前，会受到儿童咨询所的保护，并接受各项检查。包括通过画画和游戏进行的心理测试、访谈、智力测试等。在成长时期被父母忽视与儿童的智力发育程度没有相关性，测试结果显示龙雄的智力高于常人。

原则上，儿童福利院的入院儿童年龄被限制在18岁以下（特殊情形可延至20岁），并且高中毕业后就必须离开。可实际情况大多是，孩子们一旦从高中退学，虽不满18岁也必须离开福利院。

龙雄进入初中后就不去上学了。今年高中入学两个月也只去了学校两次，已经确定要退学了。他本人希望在东京工作。然而高中都没毕业的人在东京能够找到的工作有限。如果找不到工作，高中复学无望的话，下次龙雄去东京就只能长期在外漂泊了。3个月后，龙雄将正式离开福利院。

在福利院的时候，他说过："我最讨厌被别人看不起了。看不起我的人，我绝不饶恕。"可是摆在高中退学的龙雄面前的是残酷的现实。高中生比较容易找到零工，那是因为他们的身份是"学生"而非"无业游民"。一旦高中退学，他们就不再是学生而只是单纯的无业游民。他们打零工的竞争对手是那些因育儿等原因离开职场的成年人。对于企业经营者来说，在支付同样薪酬的情况下，选择雇用"高中没毕业的人"还是"大学毕业，恰好因为育儿的缘故离开职场的人"，答案是显而易见的。而土木作业和高空作业类工作的竞争对手则是长年在现场久经磨炼的大人。即便总算找到工作，大多也是内心不够坚强，很难坚持的严酷工作。

从我自己失业两年的经历来看，若能正视自己的弱小和惨状，并能往前走，则可以克服逆境。当然，我的情况完全不能和龙雄的相提并论，但我认为这本质上是相同的。我入住福利院期间也努力和龙雄讲述自己的经历，可一旦转到他身上，龙雄就岔开话题。

有一天，龙雄离开了福利院。因为平日里的午后，大家都去学校上课了，最后连给他送行的孩子都没有。龙雄的房间里只剩下空床和空桌子，以及起居室里他常坐的椅子。儿童福利院的孩子大多都是这样离开福利院的。来时孤身一人，走时也孑然一身。多年共同生活却不知彼此的联络方式，离开此处以后也难以相遇。实感凄凉！

龙雄离开福利院后半年的某个晚上,我在公司加班。一个陌生的号码打过来,我觉得可疑,但还是接起了电话。

"你好。我是慎。"

"慎,是我。"

"不好意思,因为不知道号码,不知道您是哪位?"

"是我,龙雄。"

"啊啊(在回答的同时我重整自己混乱的思绪),龙雄,怎么了?你还好吗?"

半年前,我给龙雄写了一封信。

> 我想你今后一定会遇到很多困难,但人生还是有意义的,还有很多精彩的故事。如果有时间的话,我们可以一起去柬埔寨。我的电话号码是×××。

他好像还留着信,突然看到我的电话号码,所以打过来。我以为他当时没有听进我说的话。我为自己的这种想法感到羞愧。

"嗯,我现在在打工。"

"噢,那下次一起吃饭吧?打工那么累,我请你吃你爱吃的。"

"当真?好啊。我想吃寿司呢。"

年末,我和龙雄在锦丝町的寿司店吃寿司。这是一家总店在筑地的连锁寿司店。龙雄津津有味地吃着金枪鱼。

龙雄现在月收入3万日元。因为在附近的便利店打零工,每周只能安排两次短时间的工作。情况很复杂。由于住在母亲姘居男人的家里，他不用担心租房的问题，但其他的生活费全部需要自己搞定。

他也去面试过其他的工作，都被刷了。龙雄说："面试失败的那一整天都心情郁闷，什么都不想做。"这便是高中退学的孩子面临的残酷现实。

关于离开福利院后走上社会的孩子们的情况，一位福利院的工作人员这样说道：

"孩子们承受了很重的精神负担。大多自我认可度很低。很多甚至认为'自己这样的人在社会上还不如消失了好'。嘴上一直说自己多么厉害，其实是表露了自己的不安。

"即便身体已经是成年人了，但很多孩子的心智还停留在小学低年级学生的水平。社会不会特殊关照这些孩子。他们被迫和普通环境中成长起来的孩子在同样的舞台上竞争。无论找工作还是与人沟通，都很困难，即便找到工作也不能干得长久。很多孩子稍被斥责便会放弃工作。

"他们没有固定的工作，仅靠每天打零工勉强度日，总会到达极限。此时，曾经的福利院时期的朋友就过来搭话。那位朋友在反社会组织和风俗店工作。手头困难的孩子们被'轻松赚钱的工作'这样的花言巧语迷惑，误入歧途，无法回头。"

这让我想起了龙雄还在儿童福利院的时候，一直被他恶语中伤的工作人员曾经说过的话。

"那家伙只有跌入底层才会明白。"

现在我倒是想问这位工作人员：

"可是，当他跌落底层，想洗心革面的时候，你能够支持他从底层重新爬上来吗？"

人的确不经历大的挫折就不会醒悟，但是将孩子推入深不可测的谷底以给其试炼的时候，必须要有救助措施。如果孩子没有任何回头的途径，那么一旦跌入谷底就无法挽回了。

我从那时候起，每隔两三个月和龙雄见面，或吃饭，或游玩。开始的时候，龙雄感到很不安，但他一直都特别努力。龙雄坚持打零工半年多了，以前每周只有一班的工作，现在每周可以排三个班了。他自己也觉得比其他店员坚持得更久，多少感到有点自豪。

虽然还有很多困难，但龙雄离开福利院后的这段时间真的发生了改变。他依然不擅长与人沟通，可是从坚持打零工也可以看出他变得非常有耐心了。店长和客人说令人讨厌的话，他也能够忍耐了。他整个人给人的感觉，也由我入住福利院期间的冷淡变为温和。他正要开始学习高中毕业指定的课程。

我不知道什么是他改变的原动力，可我相信孩子的可能性。而身边陌生人的帮助让孩子的成长更有依靠。

> **专栏一**
>
> 儿童福利院离院者的收入

儿童福利院的人离开福利院后的情况十分严峻。看看2011年8月东京都福祉保健局发布的《东京都儿童福利院等离院者调查报告书》，会对理解现状有所启发（见图8）。

除去在上学的人，儿童福利院离院者之中，目前在工作的比例是77.9%。其中，正式员工的比例，男性为56.5%，女性为33.9%。与全国平均水平相比，分别低了20%以上。统计中没有记录平均收入，单从雇用形态可以推测，儿童福利院的离院者的收入低于全国平均水平。

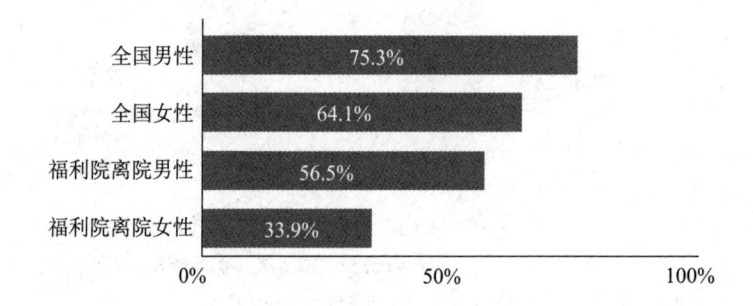

全国男性	75.3%
全国女性	64.1%
福利院离院男性	56.5%
福利院离院女性	33.9%

图8 正式员工的比例情况

资料来源：东京都福祉保健局《东京都儿童福利院等离院者调查报告书》，2011年8月。

然而，这份问卷是以离院10年的3 920名人员当中，福利院掌握联络方式的1 778名为对象发放，并对其中的37.9%即673份回收问卷进行统计的结果。联系方式不明及没有返回问卷的离院者比起返回问卷者，面临的问题可能更严重，现状可能比这份报告更加不容乐观。

雇用情况差异大的一个原因在于教育。

儿童福利院的孩子的升学率与全国相比明显低得多。图9真实地反映了这种差异。

当然，学历不高也能变得富有，但问题在于这种概率很低。事实上，高中退学对于孩子未来的收入有很大的影响。

被他人鄙视也不是一两次。

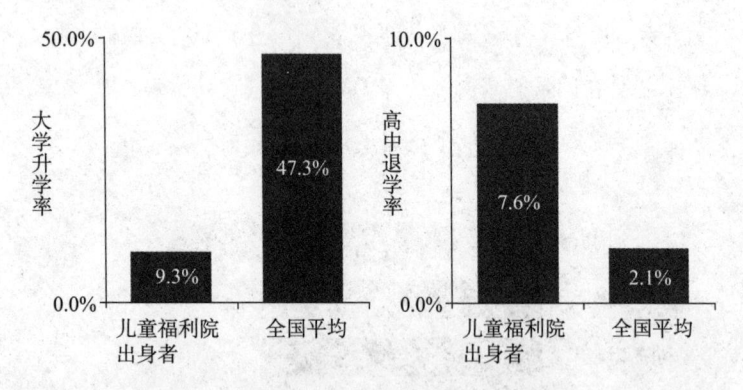

图9 大学升学率及高中退学率情况对比

资料来源：全国儿童福利院协议会《充实儿童福利院的自立支援——2005年度儿童福利院入院儿童发展状况相关调查报告》，2006年。①

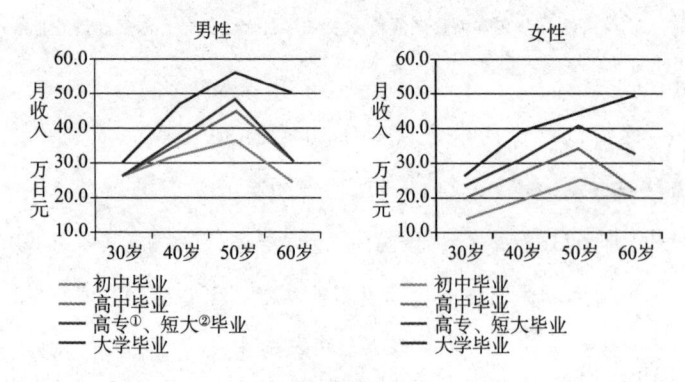

图10 学历和收入

资料来源：厚生劳动省《2008年度薪资结构基本统计调查》。

---

① 高专：指日本的高等专科学校，针对初中毕业生，把高中和大学联结起来进行5年一贯教育的教育机构。——编者注

② 短大：指日本的短期大学，是以职业技术教育为主要内容的高等教育机构，学制一般为2~3年，相当于我国的高等专科学校或高等职业技术学院。——编者注

图 10 显示，按照最终学历的不同，除去加班补贴及奖金等的月收入比较，最终学历与收入之间呈明显的相关性。并且离院者的学历和正式员工比例也明显呈现相关性（见表1）。

表 1 离院者学历与正式员工学历情况对比

分类	在整体中的占比	正式员工比例
初中毕业	21.2%	29.7%
高中毕业	60.1%	46.5%
专科学校毕业	9.1%	56.4%
短大毕业	3.0%	76.9%
4年制大学毕业	3.7%	75.0%
其他	2.8%	33.3%
整体		**45.5%**

资料来源：东京都福祉保健局《东京都儿童福利院等离院者调查报告书》，2011年8月。

学历对收入的影响在孩子们到了40岁左右的时候开始大幅扩大，刚好是自己的小孩上小学的时候。图11呈现了40~49岁的不同学历的人群月收入分布情况。学历越低，平均收入相应地越低，分布曲线偏左。

经济学里说明教育对收入影响的有两个理论。一个被称为人力资本理论，是由加里·S.贝克尔教授和西奥多·W.舒尔茨教授（二位同为诺贝尔经济学奖得主）于20世纪60年代提出的。人力资本即产生经济价值的人的能力及性质。贝克尔教授他们认为，通过教育获得知识而提高个人的生产性，其结果是获得高收入。根据他们的研究，1956年美国大学的教育投资年回报率为12.1%。① 现在，比如麻省理工学院的投资回报率是12.6%。②

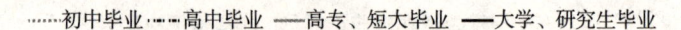

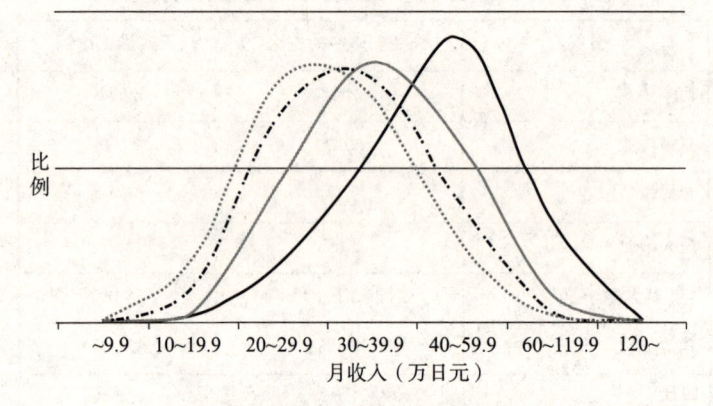

······ 初中毕业 ·−·− 高中毕业 ── 高专、短大毕业 ━━ 大学、研究生毕业

比例

~9.9　10~19.9　20~29.9　30~39.9　40~59.9　60~119.9　120~
月收入（万日元）

图11　学历和收入的分布（40~49岁）

资料来源：厚生劳动省《2008年度薪资结构基本统计调查》。

另一个理论是信号理论。这一理论由研究信息不对称领域而获得诺贝尔经济学奖的约瑟夫·斯蒂格利茨教授、乔治·阿克尔洛夫和迈克尔·斯彭斯教授等提出。信号理论的前提是信息不对称。劳方清楚自己的能力，资方却完全不了解。因此，有能力的劳动者为了证明自己的能力有必要获得无法模仿的能力，即学历。而资方优先录用学历高的人的结

---

① 加里·S.贝克尔，《人力资本》第3版，芝加哥大学出版社，1993年。
② 《华尔街日报》2010年6月30日刊《投资回报率最高的20所美国大学》（Top 20: Colleges That Offer Best Return on Investment）。

果是学历不同收入则不同。

关于学历与收入的先行研究很多。日本也有相应的研究结果。同志社大学橘木俊诏教授、日本中央大学松浦司副教授所著《学历差距经济学》（劲草书房，2009年）显示，大学毕业生的父母为部长以上职务的比例高。再者，对男性而言，不光学历，父母所在收入阶层本身就对其未来的年收入产生影响。

因学历产生的收入差距可能会扩大。有学者指出，由于技术革新及全球化对高学历者和高技术劳动者需求的增加，今后不同学历人员之间的收入差距可能会进一步拉大。

总务省于2010年2月22日公布的劳动力调查详细统计速报显示，初高中毕业者的完全失业率（年平均）达到有史以来最高的14.2%。尽管这一数字在世界范围内较低，但以后情况可能会恶化。

身体受虐待

小崇是最适合用"淘气"来形容的孩子。他那浅黑色的脸上长着一对细眼，茄子萼般的头发轻轻地覆盖在头上。他总是在外面活蹦乱跳，易亲近。我们去福利院的时候，他总是最先围过来。屋里没有其他人的时候，他会突然从后面抱着我，就是不撒手。小崇好奇心旺盛，喜欢恶作剧。我入住福利院期间，还吃过他拿给我的沾满醋的寿司。

小崇因父亲的暴力伤害而来到福利院。

小崇的父亲原先是暴走族①，有三兄弟。但他们小时候母亲就过世了，生活艰苦，兄弟一起努力活了下来。据说小崇的父亲直到现在还十分珍视家庭和兄弟情谊。

小崇的父亲洗手不做暴走族后，从事体力劳动。因为他的粗暴倾向没有改善而与周遭纠纷不断，不停地换工作。就在此期间他结婚生子了。

小崇是家里的第二个男孩。他的母亲生他之前生过一个男孩，但在幼儿期便夭折。小崇是在父亲深陷悲伤的时候出生的，而且生来体弱，出生后出现惊厥，是不易抚养的小孩。

不稳定的工作、长子的夭折、惊厥发作难以抚养的小孩，父亲的压力逐渐加大，不久其发泄口就朝向了亲生儿子。父亲在小崇会爬之前就对小崇反复施以暴力。母亲想要阻止父亲，结果也被打，无可奈何。

保育园②入园式的那天，小崇眼睛上缠着大大的纱布。老师问："怎么了？"他答道："眼睛太痒，用力擦肿了。"然而解下纱布，还能看得到瘀斑。

那之后，小崇总是带着大大的瘀斑和肿块来保育园。当时的老师还说，也许是没有吃饭的缘故，小崇有时吸着眼药水，有时吃着用沙子做成的饭团，应该是肚子饿得不行了。

---

① 暴走族：指日本的一些摩托车狂热爱好者，即"飞车党"。——编者注
② 保育园：日本为家长因工作、疾病等原因无法照管的 0 岁到上小学前的婴幼儿开设的机构，类似中国的托儿所加幼儿园。——编者注

没有向保育园的老师透露总是带着瘀斑原因的小崇,日久之后也和关系好的老师说明了原因。

我将小崇当时的原话记录如下。

"我吃了有馅的面包,就被父亲用拳头给打了。"

听到这里,我想起了阿尔贝·加缪的小说《局外人》。小说的主人公默尔索坚称自己杀人是因为太阳过于耀眼。这样破绽百出的逻辑我原以为只存在于小说中,原来不是的。

除了眼睛上的瘀斑外,小崇身上到处是肿块,手指等也有伤。最终保育园通报了这件事,小崇才被儿童咨询所保护。突然被带离熟悉的地方,在全是陌生人的地方住了一个月之后,小崇被送进了儿童福利院。受保护时期的小崇,胳膊已经被折断,鼻子弯曲,脸上尽是伤。

有一天,我和小崇在起居室面对面一起吃饭。小崇忽然给我看他的左手小指,然后开始搭话。

"慎,你看我这个小指有点弯是吗?你觉得是为什么呢?"

"嗯,是为什么呢?打排球戳伤手指了吧。"

"不是呢。这是我小时候大出血,肉露出来后粘上去的,所以才会弯了。"

"原来是这样,那应该很疼吧。"

"一点也不。我完全没有印象,是我妈妈后来告诉我的。"

"是这样啊。我老师曾经教我,人最厉害的能力就是忘却。"(顺带说一下,孩子吐露自己的受虐待经历时,要正常反应,不要吃惊,不追问。)

也许是因为受虐待的影响，小崇表现出躁狂抑郁及智力障碍。小崇的智商是55左右，处于普通学校的底层水平。前面也有说到是否将其由普通初中转到特别支援学校的问题。福利院的工作人员希望小崇去特别支援学校，那样有利于小崇成功体验的积累及未来的稳定。可是，小崇的父母却拒绝让小崇去特别支援学校上学。按照现行的法律制度，儿童福利院的孩子父母的监护权并没有完全被剥夺。这种不彻底的监护权转移有时会成为产生纠纷的原因。

小崇的妹妹宁宁也有受到身体虐待的痕迹，但是无法证实。所以从小崇5岁开始到小学五年级的7年间，兄妹两人是分开的。后来父母有意向让小崇和妹妹一起上学放学，宁宁终于在今年3月进了儿童福利院。小崇在妹妹到来的前一天开始心神不宁，宁宁来了之后却非常高兴。

遭受性虐待

悠纪子和显久以母亲患有精神障碍而抚养困难为由来到儿童福利院。然而，真实原因却是受到外公的性虐待。

外公对悠纪子和显久的母亲反复施以性虐待，在母亲结婚之后也依旧持续着。悠纪子的父亲在外工作期间，外公就会以让母亲给他按摩为借口，在昏暗的浴室里埋伏，采用各种方式反复对母亲施虐。母亲害怕离婚，没有告诉任何人，渐渐变得抑郁，后来就和丈夫离婚了。

悠纪子出生，稍微长大一些后，外公的性虐待对象就变成了幼小的悠纪子。悠纪子在四年级的时候就开始被外公性侵。这个时候，悠纪子的母亲精神已经不正常了。悠纪子和显久在被忽视的状态下持续生活着。

这样，悠纪子和显久才来到儿童福利院。入院理由是被忽视，而非受到性虐待。

以遭受性虐待为由进入福利院的孩子不足受虐待孩子总数的10%，而实际受性虐待的孩子数目要更多。性虐待事件的报告数少，有几个原因。虐待事件的发现及通报者是周围的居民、当事人、儿童咨询所等，而性虐待在性质上很难被发现和通报。

第一，性虐待很难被周围人察觉。对于虐待身体或者明显的忽视行为，周围的居民会注意到事态异常而进行通报。但是性虐待往往除当事人之外，其他人无法知道情况，所以当事人不通报的话很难被发现。

第二，受害小孩主动报告遭受性虐待很难。小孩会因不知该告诉谁而束手无策。即使告诉母亲，母亲也可能会因嫉妒孩子而使事态恶化。而且，有可能因为小孩自己的报告而导致家庭完全崩溃。遭受性虐待的小孩无法和任何人说，最终只能一个人闷闷不乐，甚至选择自杀。

第三，儿童咨询所也很难报告性虐待案例。儿童咨询所认识到可能存在性虐待，也会在将小孩与父母分开时避免把性虐待作为理由。至于个中缘由，杂志《选择》（2008年4月号）指出，性虐待因其特殊性而指出其问题时相比其他案件的业务负担要更重，每周接受超过100件咨询的儿童福祉司也很难承担比现在更多的工作。一旦揭发性虐待，将会增加业务负担，工作人员就没有充足时间处理其他案件，可能会给更多的人带来麻烦。并且，日本在受到性虐待的小孩的处理制度方面还不完善。加之揭发了性虐待，受害小孩的家庭就会崩溃，也会暴露在周围人的好奇目光之下。这些原因导致大家希望稳妥解决问题。然而，无论有多么合理的缘由，也不能放任惨状不管。

性虐待给孩子的心灵伤害是十分深重的。森田百合著的《儿童性虐待》（岩波书店，2008年）中提及了这样的事情。

> 其严重性在于打碎了人格形成的核心——信任之心。对人的信任产生恐惧和怀疑、无力感、自责、自我厌恶及性现象（性的感情及认知）的混乱会导致自我形象及感情表达能力的降低，进而导致对整个世界的不信任，也会给日常生活带来很大的障碍。

由于性虐待而导致的PTSD（创伤后应激障碍）的发病率非常高。根据凯斯勒、索尼加、布罗米特等1995年的调查，由于强奸导致的PTSD发病率男性为65%，女性为46%。远远高于因事故导致的发病率（男性6%，女性9%）及因身体暴力导致的发病率（男性2%，女性21%）。

受到性虐待的小孩有时候会错误地认为此虐待行为是爱的表现。所以，很多青年所在的福利院有受到性虐待的孩子进来，很多时候就会发生与性相关的纠纷。

显久和悠纪子一起来到儿童福利院。当时小学二年级的显久并不清楚自己家里具体发生了什么事情，只是知道发生了不得了的事情。

显久似乎有看透人生的本领。

"显久觉得做什么的时候开心呢?"

面对我的问题,显久这样回答道:"什么都没有意思。"

但显久是个十分聪明而富有同情心的小孩,经常帮助福利院的工作人员,在我入住福利院期间也帮助过我。

我在入住福利院期间,曾和孩子们一起制作篮球的球筐。我们要在木板上涂上油漆制作篮板,但油漆粘到了庭院里的沥青上,我被园长训斥了。我辛苦地把油漆从沥青上剥下来,这时候显久走过来了。

"慎,我也来帮忙。因为我也一起玩了,这不是你一个人的责任。"

因经济原因导致抚养困难

肖恩的父亲是日本人,母亲是巴西人,他非常帅气。肖恩沉默寡言,不怎么说话,但时不时露出的笑容十分灿烂。

肖恩是在父母的关爱之下成长起来的,但是因为父母成为熟人的债务担保人,家庭陷入了贫困的最底层,即使家财散尽也还有巨额的欠款。

与其让肖恩在被讨债的不安稳的家庭成长,不如让他在福利院生活,肖恩的父母做出了决断。他们即便分离了,也还是偶尔能够相见。

肖恩和父母分离的时候是7岁左右。那一天肖恩哭了一整天。

肖恩来到福利院已经8年了。他小时候比较调皮,但现在能够自我调节情绪了,比较安静。肖恩早上自己起床,按时上学,对周围人都热心。他在学校很有人气,在俱乐部练习篮球也十分努力。

肖恩和母亲偶尔通信交流。因为母亲不会读写汉字，所以肖恩写的信都由父亲念给母亲听。母亲回信是将字母用罗马拼音表示。有一天，母亲回信的结尾是这样的，也许是信纸上有泪痕的缘故，到处都浸透着油墨：

Sean kanarazu mukaeni ikimasu. Matteite kudasai.

（肖恩，我们一定会去接你。你要好好待着。）

肖恩上高中的时候，家庭经济状况在一定程度上稳定之后，又重新和父母一起居住了。"我要考父母居住的爱知县的高中。"肖恩曾有些害羞而开心地和我说道。

从婴儿院转来

有圆溜溜的双眼皮眼睛、浅黑色的脸，总让人觉得有些像中东地区孩子的裕太，落落大方，善于交际。裕太因为和大家关系都很好，成为福利院孩子们人际关系的关键人物。他热衷于各种事物，我简单地比划了一下空手道的动作，他就一直在反复练习。

裕太从懂事开始就待在儿童福利院了。

他的父亲是钢材工人，但因为携带毒品而服刑。他的父亲没有什么经济头脑，在服刑以前就不停地换工作，且已经和裕太的母亲离了婚。裕太的母亲完全没有经济能力，手头上的钱都花在柏青哥和冲动性购物上。

母亲的养育能力受到质疑，裕太因儿童咨询所的介入而与母亲分离。

幼儿不是被儿童福利院而是由婴儿院收养。在婴儿院期间，如果家境没有得到改善的话，孩子就会由婴儿院转到儿童福利院。像这样的案例很多。根据厚生劳动省《2007年度社会福利机构相关实际状况调查中间报告书》，儿童福利院的孩子中，在婴儿院待过的孩子比例达22.1%。

对于裕太而言，母亲是"偶尔能见面的阿姨"一样的存在。裕太已经是小学四年级的学生了，虽然理解了"母亲"这个词的意思，但是还是无法接受。福利院的工作人员问裕太："你想和你妈妈一起生活吗？"裕太回答："怎么样都可以。"也就是说，他认为回到父母身边与在临时性领养家庭中的长期外宿几乎没有区别。

裕太也患有智力障碍，说话的时候常常口齿不清。他3岁进入婴儿院的时候，与普通孩子相比，语言学习能力要晚一年以上。而且他感到兴奋的时候会不停地跑，有时又滔滔不绝地说着别人听不清的话。要把他从普通初中转到特别支援学校的事情也在商量中。

06
背后的原因

每个人的人生各不相同。来到儿童福利院的孩子们的状况反映了日本社会的很多问题。图12总结了孩子们进入儿童福利院的理由。

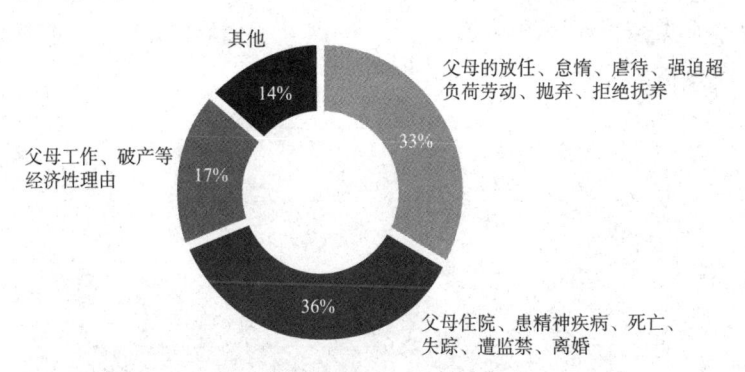

其他 14%

父母工作、破产等经济性理由 17%

父母的放任、怠惰、虐待、强迫超负荷劳动、抛弃、拒绝抚养 33%

父母住院、患精神疾病、死亡、失踪、遭监禁、离婚 36%

图12　儿童福利院入院理由

资料来源：厚生劳动省《儿童福利院入院儿童等调查结果概要》(2007年)。

以下阐述儿童福利院的孩子们入院原因中较为重要的被虐待、家庭贫困、父母患精神疾病等问题。孩子们面临的问题是综合性的，各种原因往往复杂地纠缠在一起。

虐待

如图 12 所示，以遭受虐待为由最终进入儿童福利院的孩子占 30% 以上。而来到儿童福利院的孩子之中，受到过虐待的占一半以上。前文提到，如果包括进入福利院，熟悉环境之后才说出受虐经历的孩子的话，受虐待儿童的比例占到七成。

2000 年日本颁布防止虐待儿童等相关法律《儿童虐待防止法》以来，关于虐待事件的报告数急剧增加。日本通过《儿童权利公约》的 1994 年，全国虐待儿童事件报告数仅 1 961 件，到 2008 年增至 42 664 件（见图 13）。这里的件数，不是指施暴父母的数量，而是指受虐待儿童的数量（其中有重复）。由于有的儿童一年中受虐待超过两次，所以会被计算成两件甚至更多，一年中受虐待的儿童数不能简单地测算出来。

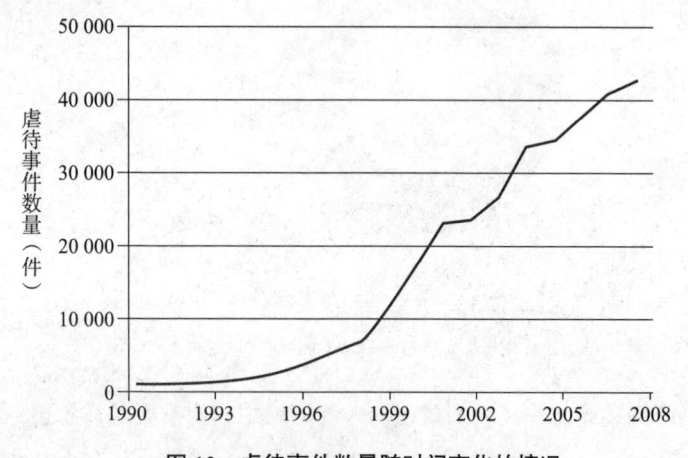

图 13　虐待事件数量随时间变化的情况

资料来源：厚生劳动省《社会福祉行政业务报告结果概要》。

虐待儿童案件增加的原因有：(1)伴随城市化的发展，社区关系变得薄弱，家庭关系也变弱，地方及家庭的育儿功能降低；(2)由于法律的完善，人们意识到虐待是违法的，因此虐待事件通报的门槛降低。

图14呈现了东京都受虐待儿童数及其比例的变化。至2005年，儿童福利院的儿童当中，曾受过虐待的儿童超过半数。1998年至2005年，受虐待儿童的比重大致增加一倍。

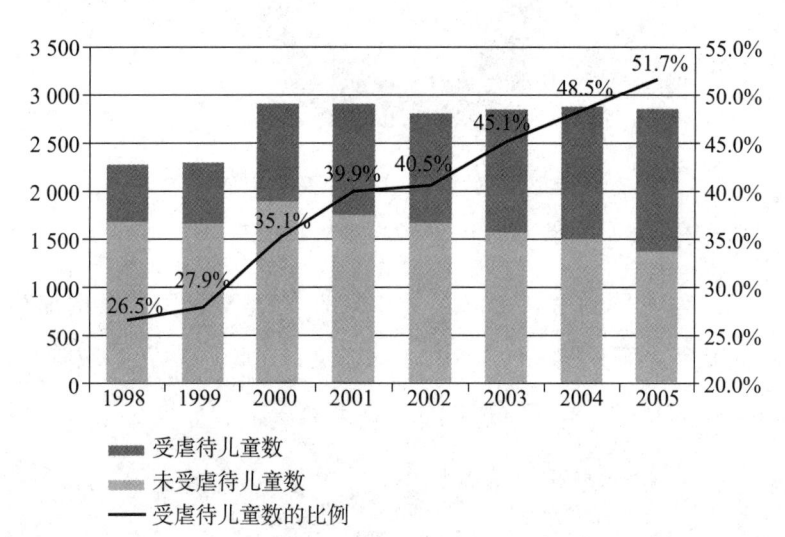

图14 东京都儿童福利院入院儿童有无有受虐待及其比例

资料来源：东京都社会福祉协议会儿童部会议纪要。

至2007年，全国的受虐待儿童占福利院入院儿童的半数以上（见图15）。

但是，这些数据不是说明虐待的实际情况变严重了，而是说明虐待事件的报告数量增加了。比如加强禁止性暴力的措施会导致强奸的报告件数增加。越是被社会禁止的犯罪行为，很多时候加强防止措施会一时让统计数字变得更加糟糕。实际上，致死性的虐待在此期间有减少的趋势。

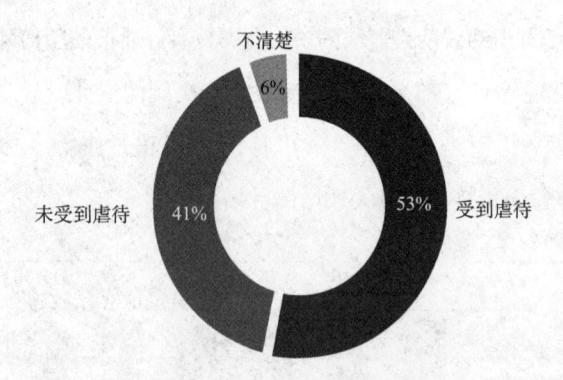

图 15　东京都儿童福利院入院儿童受虐待经历的有无

资料来源：厚生劳动省《儿童福利院入院儿童等调查结果概要》(2007 年)。

每年新进入儿童福利院的孩子数有 6 000 多人。其中一半以上的儿童受到过虐待。而且受虐待的儿童中，尤其严重的儿童才进入儿童福利院。虐待案例中，多种虐待的详情见图 16。

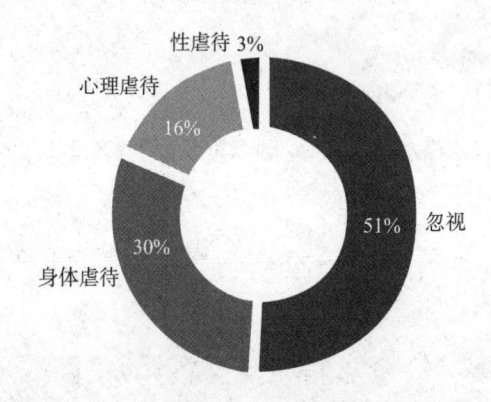

图 16　儿童福利院入院儿童中受虐待儿童的详情

资料来源：厚生劳动省《儿童福利院入院儿童等调查结果概要》(2007 年)。

过去，虐待的典型表现是直接暴力造成的身体虐待；近年来，忽视（放弃抚养）呈增加趋势，超过半数。由于虐待的定义本身有很多微妙之处，所以要避免简单地一概而论。

贫困

进入儿童福利院的儿童与贫困的关系长期以来备受关注。近年来，尽管贫困没有作为最大的理由来看待，但目前福利院的孩子们的家庭大多有一些经济上的问题。日本的贫困问题也逐渐变得严重，特别是单亲母亲家庭的贫困。

逐渐加剧的贫困

要说日本是贫困大国，很多人都不相信。表明这个国家贫富差距逐渐拉大的数据是存在的，关注这个问题的学者已经拉响了警钟。

OECD 报告的 2002 年发达国家贫困率的比较（见图 17）给人们很大的冲击。贫困率是显示国民中有多少百分比的人处于贫困状态的指标，分为相对贫困率和绝对贫困率。OECD 的报告显示的是相对贫困率（收入在中位数的 50% 以下的人处于贫困层），使用共同的定义和计算方法进行各国间的比较。

OECD 成员国中的发达国家贫困率平均为 10.7%，其中贫困率排第一的是美国（17.1%），排第二的是日本（14.9%）。

OECD 的报告显示的是相对贫困率，所以像日本这样平均收入较高的国家相对贫困率也就偏高。但是根据著有《格差社会》（岩波书店，2006年）等著作的橘木俊诏教授所言，即便排除统计上的误差，日本的贫困率依然处于较高水平。

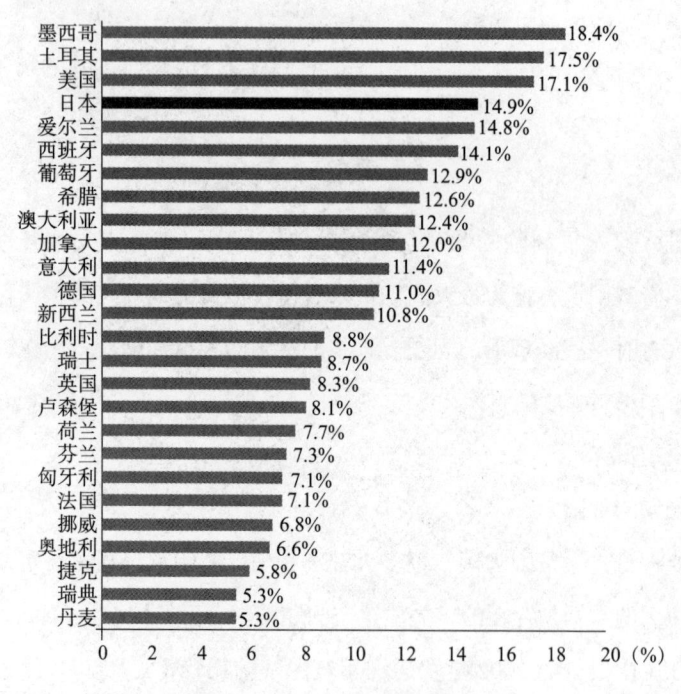

国家	贫困率
墨西哥	18.4%
土耳其	17.5%
美国	17.1%
日本	14.9%
爱尔兰	14.8%
西班牙	14.1%
葡萄牙	12.9%
希腊	12.6%
澳大利亚	12.4%
加拿大	12.0%
意大利	11.4%
德国	11.0%
新西兰	10.8%
比利时	8.8%
瑞士	8.7%
英国	8.3%
卢森堡	8.1%
荷兰	7.7%
芬兰	7.3%
匈牙利	7.1%
法国	7.1%
挪威	6.8%
奥地利	6.6%
捷克	5.8%
瑞典	5.3%
丹麦	5.3%

图 17 OECD 成员国的贫困率

资料来源：OECD 家庭数据库。

贫困率的增加也影响着小孩的生活。2009年10月20日，厚生劳动省公布了2006年日本的贫困率为15.7%，儿童贫困率为14.2%。OECD 统计（见表2）也显示，日本的儿童贫困率自20世纪90年代中期至2000年逐渐上升（这里的"儿童"指未满18岁的小孩）。

而且日本的儿童贫困率低于总人口的贫困率。这可能是因为日本的年轻阶层（除去儿童）和老龄阶层的贫困在扩大。而日本相较于其他国家出生率较低,可能也是原因之一。

表 2 儿童贫困率

	20 世纪 90 年代中期	21 世纪初	变化
丹麦	2.0%	2.7%	0.8%
瑞典	2.5%	4.0%	1.5%
芬兰	2.1%	4.2%	2.1%
挪威	3.7%	4.6%	0.9%
奥地利	0.1%	6.2%	6.0%
法国	7.4%	7.6%	0.3%
匈牙利	10.3%	8.7%	−1.6%
瑞士	8.2%	9.4%	1.2%
比利时	10.7%	10.0%	−0.8%
英国	13.6%	10.1%	−3.6%
捷克	8.6%	10.3%	1.7%
荷兰	10.6%	11.5%	1.0%
澳大利亚	13.0%	11.8%	−1.2%
卢森堡	7.9%	12.4%	4.5%
希腊	12.3%	13.2%	0.9%
日本	**12.1%**	**13.7%**	**1.6%**
新西兰	12.7%	15.0%	2.3%
加拿大	12.8%	15.1%	2.2%
意大利	18.9%	15.5%	−3.4%
德国	11.2%	16.3%	5.1%
爱尔兰	14.0%	16.3%	2.3%
葡萄牙	16.6%	16.6%	0.0%
西班牙	15.4%	17.3%	1.9%
美国	22.3%	20.6%	−1.7%
墨西哥	26%	22.2%	−3.8%
土耳其	19.6%	24.6%	5.0%

资料来源:OECD 家庭数据库。

专栏二

日本贫困率高的背景及其对策

日本的贫困率之所以高,经济学家橘木俊诏教授认为有以下几点原因。

◆ "失去的十年"[①]中日本的经济不景气,失业者多,从业者的薪资减少。

◆ 作为企业结构调整的一部分,企业增加了打零工的员工、劳务派遣员工、合同员工等非正式员工。现在全部员工中近四成是上述的雇用形态。与正式员工相比,这些人包括工资在内的工作待遇相当差。

◆ 由于少子老龄化及经济低迷,年金、医疗、护理等社会保险制度的负担增大及拨款减少,直接影响了国民的生活。

◆ 收入差距主要发生在老龄阶层和年轻阶层,因老龄阶层人口比重高,整体的贫困率也相应被拉高。

针对扩大的贫困,可考虑以下四点有效的对策。

◆ 2002年1月开始的经济刺激措施持续了6~9个月,但仅一部分大城市、大企业能享受到,其效果并没有涉及中小企业及地方经济。地方及中小企业需要进一步的振兴政策。

---

① 失去的十年:此指日本泡沫经济崩溃后长期经济不景气的1991年至21世纪初。——编者注

- 基于同工同酬的原则，需要转变工资制度。给同一职务、工作的人每小时相同的收入，即导入职务薪酬的想法是最理想的。消除正式与非正式之间的差别，著名的荷兰劳资共识决定工资、工作条件的方式是重要的参考。
- 非正式员工不享有很多的社会保险制度，一部分人因自己的意志不参加保险。但要为所有人提供安全保障，有必要开放非正式员工加入保险的渠道。
- 必要的最低工资制度保障政策。

但是，也有人认为一旦实施这些对策，会挫伤工作人口的积极性，损害经济发展。

资料来源：橘木俊诏，《格差社会的走向》，LIP教育论坛基调演讲。

单亲母亲家庭的贫困

再者，进入儿童福利院的儿童之中，亲生父母在家的比例仅占全部的23%（见图18），与社会整体水平相比是十分低的。亲生父母不在的家庭，大多是由于家庭不和、家庭暴力等——总有某些原因。

入院的儿童之中，仅有亲生母亲的儿童占1/3以上。

很多人指出了单亲母亲家庭的贫困问题。较早的厚生劳动省《2003年度全国单亲母亲家庭等调查》统计显示，单亲母亲家庭的平均年收入为162万日元，2/3以上的人被迫生活在年收入200万日元以下（见表3）。

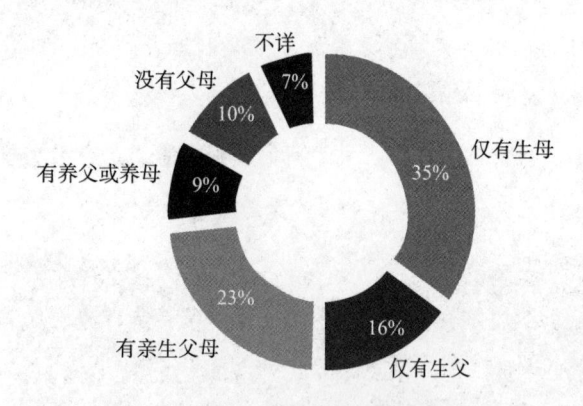

图18 入院儿童的家庭构成

- 仅有生母 35%
- 仅有生父 16%
- 有亲生父母 23%
- 有养父或养母 9%
- 没有父母 10%
- 不详 7%

资料来源：《儿童福利院入院儿童等调查结果概要》(2008年)。

表3 单亲母亲家庭的收入

	全职	临时工、兼职	合计
户数（千）	356.1	424.9	879.8
平均年收入（万日元）	252	110	162
收入分布（万日元）			
100以下	7.9%	48.3%	30.7%
100~200	31.7%	44.2%	38.1%
200~300	32.4%	6.0%	18.4%
300~400	14.1%	1.2%	6.8%
400~500	7.7%	0.2%	3.2%
500~600	3.5%	NA	1.6%
600以上	2.7%	NA	1.2%

资料来源：厚生劳动省《2003年度全国单亲母亲家庭等调查》。

很多单亲母亲家庭生活艰难的一个原因是日本的女性工作环境比其他国家更加恶劣。图 19 显示了男女就业情况的差距。将兼职工作等也全部换算为全职工作的话，日本男性的就业率为 73.5%，女性的就业率为 39.9%，二者之差达 33.6%。

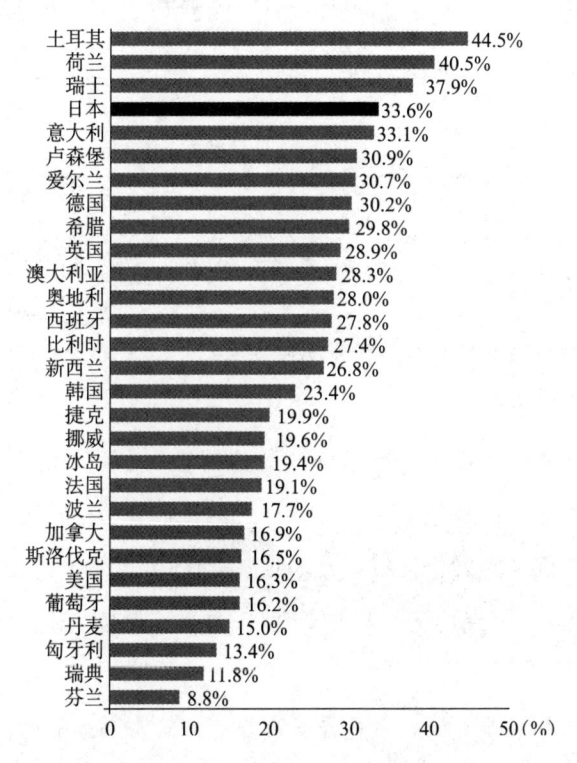

国家	差距
土耳其	44.5%
荷兰	40.5%
瑞士	37.9%
日本	33.6%
意大利	33.1%
卢森堡	30.9%
爱尔兰	30.7%
德国	30.2%
希腊	29.8%
英国	28.9%
澳大利亚	28.3%
奥地利	28.0%
西班牙	27.8%
比利时	27.4%
新西兰	26.8%
韩国	23.4%
捷克	19.9%
挪威	19.6%
冰岛	19.4%
法国	19.1%
波兰	17.7%
加拿大	16.9%
斯洛伐克	16.5%
美国	16.3%
葡萄牙	16.2%
丹麦	15.0%
匈牙利	13.4%
瑞典	11.8%
芬兰	8.8%

图 19　各国男女的就业率差距的比较

资料来源：OECD 家庭数据库（2009）。

单亲母亲家庭的艰难状况比其他家庭要突出。表 4 引用自阿部彩的《儿童贫困》（岩波书店，2008 年）。与其他家庭相比，单亲母亲家庭的贫困率尤其高。

表 4　家庭构成和贫困率

	人口构成比	贫困率	贫困阶层构成比
仅有父母及孩子的家庭	63.2%	11.0%	50.0%
三世同堂的家庭	28.5%	11.0%	23.0%
单亲母亲家庭	**4.1%**	**66.0%**	**19.0%**
单亲父亲家庭	0.6%	19.0%	1.0%
老年人家庭	0.1%	——	——
其他家庭	3.4%	29.0%	7.0%

专栏三

增加女性就业和儿童教育支出是关键？

儿童贫困问题与母亲的就业率、政府的儿童支出及教育支出呈现相关性。

图 20~图 22，纵轴均为儿童贫困率，横轴分别为 16 岁以下儿童的母亲的就业率，以及儿童支出、教育支出占 GDP 的比例。

日本的母亲就业率是接受调查的国家当中最低的，儿童支出占 GDP 的比例是倒数第三，教育支出占 GDP 的比例是倒数第一。如能改变这种状况，儿童贫困问题就可以得到改善。

当然，需要注意相关关系和因果关系之间的区别。A 与 B 同时发生时，也并不能说 A 是 B 的原因。但是，二者具有因果关系的可能性较高。

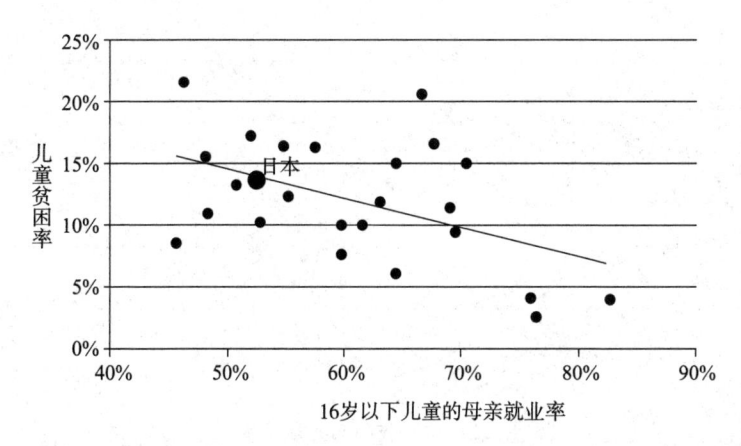

图 20　母亲的就业率与儿童贫困的关系

资料来源：OECD 家庭数据库。

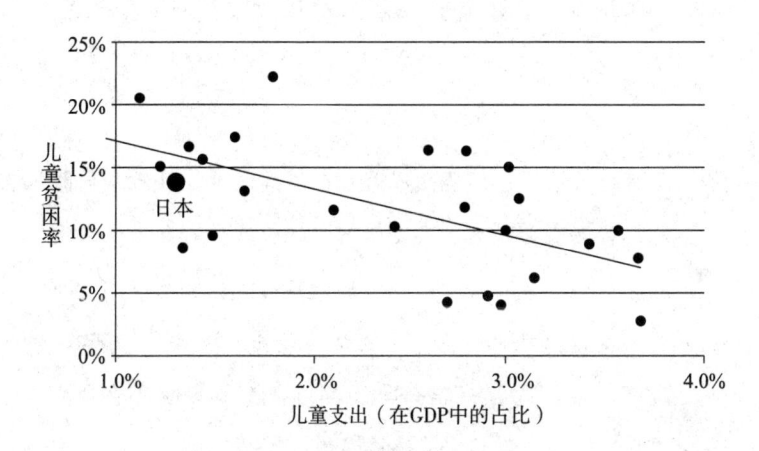

图 21　儿童支出与儿童贫困

资料来源：OECD 家庭数据库。

如前所见，单亲母亲家庭的贫困与孩子的贫困是相关联的。如果女性在抚养孩子的同时在工作上能有更多的机会，

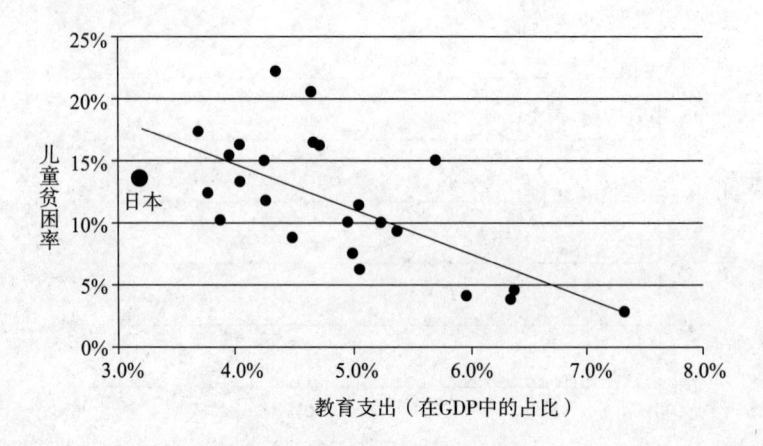

图 22　教育支出与儿童贫困

资料来源：OECD 家庭数据库。

以上 3 幅图对应的国家分别为澳大利亚、奥地利、比利时、加拿大、捷克、丹麦、芬兰、法国、德国、希腊、匈牙利、爱尔兰、意大利、日本、卢森堡、荷兰、新西兰、波兰、葡萄牙、西班牙、斯洛伐克、瑞典、瑞士、英国、美国等 25 国。

那么单亲母亲家庭的经济状况就可能得到改善。针对儿童的支出及教育支出则以更加直接的方式改善儿童的家庭生活状况，能够直接减少儿童贫困。当然，其前提是国家整体状况需要变得富裕。如果从通过扩大女性就业提高劳动力基础、通过教育提高人才生产率等方面考虑，增加女性就业及儿童、教育支出，长期而言是能够增加 GDP 的。

专栏四

技术进步及全球化的影响

技术进步和经济全球化是不会止步的。这将导致国际性的劳动力价格均一化。也就是说，世界上做同样工作的人的薪酬将会变得相同。

以金融机构的IT系统架构工程师的薪酬为例，许多外资金融机构将这些业务统一在印度进行，因为就现状而言，与美国同等能力的人相比，印度的工程师薪酬更低。但这不是长期性的趋势。今后需求更少的美国IT工程师的薪酬会降低，而需求大的印度工程师的薪酬将会提高。二者之间的薪酬差距将会不断缩小。

当然，地理优势、语言文化等其他特殊情况造成的差距多少还是存在的，但整体而言，劳动力的生产率和价格的关系，将会世界性地逐渐趋同。在发达国家，虽然世界性通用型人才的薪酬居高不下，非通用型人才的薪酬却和发展中国家劳动者的薪酬水平相接近。就现状而言，虽然日本国内的贫困问题已经被大书特书，但是情况其实更加严重。

目前，经济差距增大的是年轻一代及老年人，但所有年龄阶段的人的差距都可能会增大。

为了让低收入阶层不再扩大，只有提高人们的生产率这一条途径。薪酬是由劳动者在一定时间内产生的价值决定。

为此，重要的是教育。

然而，日本在教育方面的差距也许也在增大。参加2009年国际数学奥林匹克竞赛的104个国家中，日本获得了5枚金牌及1枚铜牌，排名次于中国，排在第二。另一方面，不会九九乘法口诀的高中生、参加完入学仪式后就不再上学的高中生，在底层学校中大量存在（关于此，详见青砥恭著《高中退学档案》，筑摩书房，2009年）。要改变这一状况十分困难。

再者，成年人要接受再教育并不容易。当他们在与国外廉价劳动力的竞争中落败而陷入更低收入境况的时候，应该怎么办呢？

国家的收入分配机制的作用是有限的。为"救济"低收入人群而提高所得税或法人税是危险的。高收入人群要支付的所得税越多，越可能移居海外。实际上，收入很高的商业人士觉得现在的所得税税率已经很高，有些在认真考虑向税率低的国家移居，而不少人其实已经开始行动了。对于企业而言也是一样的。法人税如果提高，许多企业将可能以比现在更快的速度将本部迁移到国外。如果同时提高全世界的所得税，那么这种担心就小了，可这样的措施实施起来很难。

我想说明的是，技术进步和全球化不会止步，也不应该止步。有些发达国家的人们陷入低收入的同时，发展中国家的人们会获得机会，并有可能从贫困中摆脱出来过上富裕的日子。因为没钱给自己孩子看病而只能含泪等待死亡的悲剧也会减少。

全球化提高了世界资源分配的效率,给全世界人民带来好结果,原本因价格高昂而无法购买的商品也能够以能承受的价格买到等。对发达国家的人们而言,全球化也带来了一定的好处。

重点不在于阻止全球化的趋势,而在于如何为因全球化可能陷入贫困的人们提供社会保障。

父母的精神健康状况

进入儿童福利院的儿童,其父母患有精神疾病的占了相当大的比例。

图23来自厚生劳动省的《患者调查》。整体而言,患精神和神经

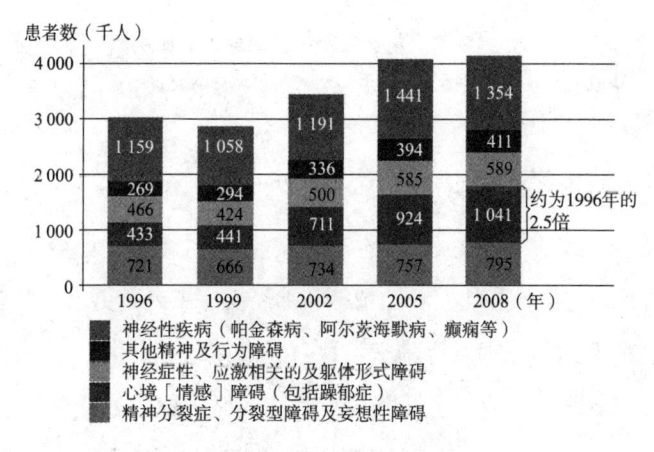

图23 精神疾病患者数演变

资料来源:厚生劳动省《患者调查》。

疾病的人数在增加。特别是患有包括躁狂抑郁症在内的心境［情感］障碍的人数每年以 7.6% 的速度在增加。

在 20~59 岁的育儿年龄层，患者人数分别占各年龄层总人数的比例如图 24 所示。

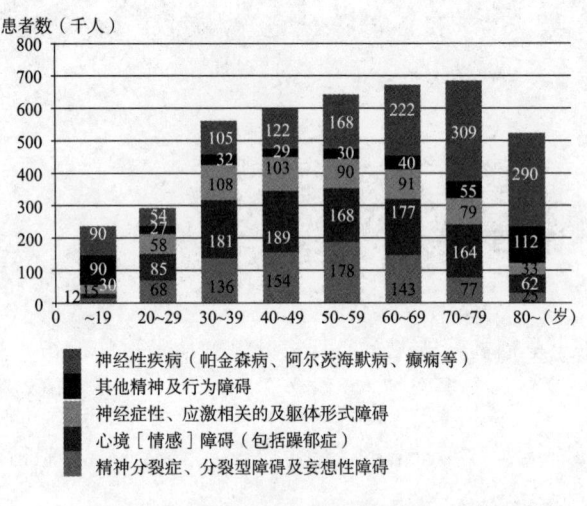

图 24　不同年龄层精神疾病患者的比例

资料来源：厚生劳动省《患者调查》及总务省统计局人口数据（使用与《患者调查》实施日相同年月即 2008 年 10 月的数据）。

30 岁后患精神和神经疾病的人数不断增加，这是许多人开始育儿的阶段。

另外，与男性相比，女性精神和神经疾病患者数更多（见表 5），产生这种差别的原因有生物学、社会经济及精神上的。而考虑到日本很多家庭的现状是男性工作，女性全职做家庭主妇抚养孩子，也许存在男性因工作繁忙而无暇去医院之类的原因导致的统计上的偏差。

表 5　男女精神疾病患者数

	女性（千人）	男性（千人）	女性/男性
精神分裂症、分裂型障碍及妄想性障碍	410	386	1.1
心境［情感］障碍（包括躁郁症）	655	386	1.7
神经症性、应激相关的及躯体形式障碍	381	208	1.8
其他精神及行为障碍	199	212	0.9
神经性疾病（帕金森病、阿尔茨海默病、癫痫等）	733	581	1.3

资料来源：厚生劳动省《患者调查》。

根据厚生劳动省《儿童福利院入院儿童等调查结果概要》，儿童福利院入院理由中，父亲患精神疾病的为 180 例，而母亲患精神疾病的有 3 197 例。与其说母亲更容易患精神疾病，不如说主要原因在于许多家庭都是由母亲抚养孩子（因此，母亲患精神疾病容易成为儿童进入儿童福利院的直接理由）。

与其他疾病一样，患精神和神经疾病的人不可能根绝。我们能做的有两点。一是如果现状的起因在于经济和社会的话，那努力改变让它变得更好就是了。二是建立能够让社会及地方的共同体为病患提供支撑的机制。

共同体的弱化

有一个在儿童入院理由的统计中没有提及，但是现场有人指出来的事实，那就是现代共同体在急速地弱化。

从前，周围的人发现虐待行为，能够立即制止，防止事态恶化。

并且经济上有困难时,也有左邻右舍相互帮助,共渡难关——共同体是自发的安全网。

如果一个家庭居住的地方共同体功能弱化,或因各种原因被共同体完全孤立,与亲戚关系疏远,那么一旦家庭发生变故,就只能依靠福利院。尤其是语言不通的外国人家庭,更容易发生这种问题。

前文已经介绍了虐待、贫困和父母的精神疾病三部分的内容,但不能简单地将三者作为单独的问题进行思考。比如,某个案例中父母患上精神疾病,因工作上的人际关系恶化而失去工作,由此造成的更大压力导致了虐待的发生。也有情况是父母因贫困而压力倍增,导致患上精神疾病。又或者是离婚和家庭不和导致父母的精神状态异常,最终施虐于小孩。综合这些情况,可以称之为广泛意义上的贫困。

与其他社会问题一样,儿童福利院的儿童背后是各种问题的综合。企业组织的改革也是一样的道理,在改革系统的时候,需要从整体上看系统,摸清系统内部复杂的相互关系,再制订成套的一连串解决方案。解决问题的第一步十分重要,就是先建立假说,看看能够通过变动复杂问题中的哪一环来解决其他的问题,然后采用实证的方法进行检验。

07
受虐待儿童的特征

前面两章介绍了入院儿童的几个类型及背景中的社会性要因。他们在现实中需要什么样的帮助呢？在思考这个问题的时候，重要的是了解入院儿童的特征、弱点及优势。这一章将就此进行阐述。

新生儿的脑只有三五十克重，只相当于成人脑重的30%左右。然而，小孩到3岁的时候，脑的大小相当于成人的85%。一种说法是，大脑发育大多依赖于幼儿时期的成长环境。布鲁斯·D.佩里和迈亚·塞拉维茨的著作《狗笼里长大的男孩》（纪伊国屋书店，2010年），以丰富的事例介绍了幼儿期的虐待对于小孩大脑发育的深刻影响。

实际上，根据厚生劳动省2009年公布的《儿童福利院入院儿童等调查结果》，福利院的儿童中23.4%都患有身心障碍，其中患智力障碍者最多，占了1/3（见图25）。

儿童大脑发育迅速，以奇迹般的速度吸收各种东西，但这一时期也容易受残酷经历的影响。有些人不擅长某些方面，大多是在儿童时代有过这方面的挫折。

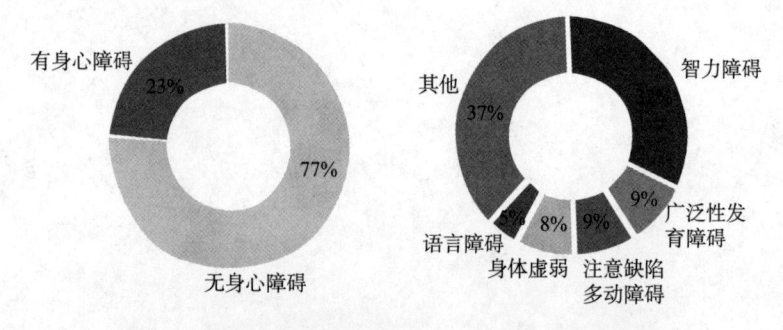

图 25　入院儿童中患身心障碍的占比及详情（可有多项）

资料来源：《儿童福利院入院儿童等调查结果》（截至 2008 年 2 月 1 日）。

据佩里和塞拉维茨研究，受虐待儿童的大脑会出现很多障碍，"没有正常的部位"。

人的抗压能力是经过每天的积累逐渐变强大的。而几乎没有抗压能力的儿童在经历非常大的压力时，就会根据自我防卫本能采取各种防卫行动。

比如，有些儿童在直面用语言描述都觉得恐怖的场景时，便会眼神呆滞，仿佛陷入冬眠。此时大脑会切换成生存优先模式，掌管抽象思维等人类最高机能部分的大脑皮质的活动将会被抑制，除生存所需的大脑中枢部分以外，其他区域都不活跃。

这样的防卫行动并不会一次即止，在那之后，每当遇到与过去受到的虐待类似的事情时，他们就会反复进行防卫行动。遇到与心理创伤密切相关的事件，比如被某个人大骂、听到某些受刺激的话等情况时，他们有时会为了完全规避压力而陷入昏迷。

每当在精神上被逼得走投无路时，他们就采取自残的行为，这与通过伤害自身来促使脑内分泌类似麻醉药的物质有关，而这种物质能够减轻痛苦。

此外，还有接触毒品、依赖酒精、沉溺于性交等各种减压形式。要让儿童摆脱这种状态，更多时候需要给予非常悉心的关爱。

不光是这些极端的案例，小孩受到的伤害也可能反映在日常行为中。以下就我亲眼所见、亲耳所闻的事情为主，描述儿童的行为特征。当然，每位孩子都有自己的个性，注意不要轻易一概而论。

好动

好动是儿童的普遍特征，我自己在孩童时代也常常因好动被教训。福利院里的儿童也是不断地变换玩耍方式，足球、棒球、单轮车……完全停不下来。

可是，我遇到了并不是单纯能用儿童的好动特征就能解释的事情。孩子们因为要练习地方上组织的太鼓演奏，就和在附近住的小朋友一起练习。即便与周围容易厌倦的小孩相比，福利院的小孩放弃太鼓练习的速度也相当快。观察福利院的自习情形也可以看出，越是受到虐待的孩子，越是难以专心学习。

暴力

对于受虐儿童来说，过去在自己家里发生的事情可能成为他们从受虐到虐人的常识。想要让他人平静下来的时候，他们会抓住别人的头发把人往地上按。当然，不是所有儿童都如此。

此外，他们还有某种支配的欲望。我和他们一起玩游戏的时候，经常出现他们在单方面下命令，而我只能接受命令行事的情况。如果完全按照他们说的做，最终可能会束手束脚且不能说话。

有一次，我看到几个小孩一哄而上对一个小孩"动用私刑"。当然，老师及时制止了他们，但联想到背后的故事我就觉得心痛。

逞强

有些小孩会自认为很能打架（实际上不是的）、非常受欢迎等。从负责心理治疗的工作人员那里得到的回答是，这些小孩希望创造一个自己不被否定的世界，在那里获得精神的平静。这时，突然要他们正视现实很危险，无论在什么情况下，我们首先要表明接纳的态度。其他情况下，他们学会故意说一些明显的谎话，以观察大人是怎么应对的，而此时正确的应对方式应该是斥责。

对于福利院小孩的各种行为，重点是洞悉他们是基于何种理由，这对和小孩接触的工作人员的专业性要求很高。

否定性思维

因为一点小事情，小孩就会说"那个人说我的坏话，烦死了"或者"大家都欺负我"。据说，福利院的很多儿童都认为"自己被父母抛弃"。

他们不信任他人及朋友，或许是因为连最亲近的父母都无法信任的关系。

对持有这种思维的儿童，说教是不管用的。与前面的例子一样，最重要的是大人在任何时候都能够给儿童带去安心感。

生活习惯混乱

有些儿童，尤其是受到父母忽视的儿童缺乏饮食礼仪和卫生意识。有些儿童没有细细咀嚼食物的习惯，有些上完洗手间不冲水，很多儿童都没能养成基本的生活习惯，即所谓的"教养"。

儿童长大后为人父母，需要自己抚养小孩，那时候没有这些生活习惯就会很麻烦。在儿童福利院生活期间，大多问题可以解决，但是有些生活习惯需要在家庭环境中才能养成。很多人结婚以后在为人父母时感到不安，无法掩饰自己对于接连发生的事情的困惑。建立使小孩能够在近似家庭环境里生活的环境制度及领养制度是非常必要的。

内心依然渴望回家

正如前述，儿童福利院的许多儿童都曾受到父母严重的虐待。

即便如此，很多人还是会说想要回家去。就算是因被父母用花盆打得满头是血而受到保护的儿童，在福利院遇到伤心事也会谈起想要回家。

虽然非常少，但也有儿童得意扬扬地向周围的人夸耀自己被父母如何珍视关爱。他们的房间里，经常摆放着很多父母送的小礼物。

甚至有儿童在法庭上为被告席上的施虐父母做伪证。

通过这些所见所闻，我再次认识到了父母与小孩之间血浓于水的纽带。无论过去发生过什么不愉快的，父母还是父母，很多小孩还是会继续追随父母。父母与小孩团圆是小孩得到关爱的最佳情形，福利院中的抚养主题中排在首位的就是促进父母与小孩的团聚。

善于洞察人心

在儿童福利院的时候，令我惊讶的是孩子们的亲切。没有要他们帮忙，他们也会说着"刚好闲着，我来帮忙"而前来帮助工作，还会问情绪低落的工作人员"你怎么了"（当然，工作人员不会轻易面露愁容），并经常将自己珍爱的点心分给哭泣的小孩。

很多小孩将观察父母看成与自身安全息息相关的事，他们善于洞察人心。这一特质可以成为非常棒的优点。

跨越逆境后的强大

很多儿童都有一些劣势。有位工作人员为此担心道："生活环境相当不利的孩子们却要和正常环境中成长起来的孩子们站在同一个平台上竞争。"

虽说如此，一旦他们处理好自身内心的问题，发现了自己能够做的事情，那么跨越逆境后就会比别人更强大。在我入住的福利院，有位晚上很晚还在打工的青年拓郎，今年上高中二年级。据说为了替父母照顾非常疼爱自己的祖父母，他希望将来从事护理工作。

上专科学校需要花钱，他也不依靠任何人。即便如此，拓郎也绝不抱怨，每天都孜孜不倦地工作到很晚。回来的时候往往已经过了熄灯的时间，但他依然精神饱满地和办公室的老师打招呼。

卡尔·希尔逊在《幸福论》中谈道："苦难要么使人强大，要么使人覆灭。皆因其自身的内在秉性而定。"孩子们面临的逆境，一旦被克服就会给他们带来强大的力量。

只是现在能否跨越这逆境，就要看孩子的自身秉性、遇到的以工作人员和老师为代表的大人，以及其他偶然因素等。社会应该做的难道不是创造机会让孩子们的成败尽可能不会被命运戏弄和左右吗？

这一章主要描述福利院儿童的行为特征。很多儿童确实存在严重的根深蒂固的问题，然而，他们绝非毫无希望。实际上，从福利院也走出了很多优秀的人。虽然能让他们不受虐待地在普通家庭幸福生活自然是最理想的，但现实状况多不如人意。对孩子们来说，什么是必要的援助呢？他们要超越逆境，飞速成长，需要什么样的环境呢？

08
儿童福利院的运营

到上一章为止，我们了解了孩子们的状况、其背后的社会性要因，以及孩子们常面临的问题及行为特征。从这一章开始，我们将看看孩子们获得了什么样的支援，以及儿童福利院是如何运营的。

首先，这一章将对宏观环境进行分析，简单描写儿童福利院的历史、作用及资金来源。因为本书不是要长篇大论地讲长年累月的研究成果，所以会尽可能保持在必要的最小篇幅内。

从保护到协助自立——社会福利的变迁

社会性养护指社会为失去父母的小孩及因各种原因无法和父母一同生活的小孩准备的成长环境。社会性养护大致可以分为在家庭环境中抚养孩子的家庭性养护，以及在儿童福利院抚养的福利院养护。前者的代表是领养制度。福利院养护中的儿童福利机构包括婴儿院、儿童自立支援设施及儿童福利院。

很多社会福利事业在民间开展得远比国家层面要早，儿童福利院也是这样。比"二战"前还更遥远的过去，从圣德太子时代就开始有孤儿院了。当时，全国的设施大多是当地名士个人出资建立或作为宗教团体活动的一部分而建立。据说，奠定了日本资本主义根基的涩泽荣一也曾担任某养育院的院长，每月必拜访一次儿童福利院。

战后的社会性养护始于1947年颁布的《儿童福祉法》。当时福利院的主要目的是保障战争孤儿的基本生活。

之后，随着国家经济的高速发展，社会稳定下来，日本的孤儿数量骤减。一方面，城市里已有的社区组织开始弱化。从这时起，不良少年成了社会福利机构的主要保护对象。这时的社会性养护的基本理念是基于家长式统治的儿童保护。这一理念即让具备鉴别善恶能力的大人指引不具备这一能力的小孩。而注重儿童自主性之类的构想却很薄弱。

然而，1994年日本批准了《儿童权利公约》，以此为界，社会性养护的目的发生了变化。

《儿童权利公约》中明确提倡一直以来常被忽视的儿童权利的存在。受此公约的影响，日本进行了重大的法律修改，制定了一部新的法律。

1997年修改《儿童福祉法》，这时社会性养护的基本理念由"保护"向"自立"的支援方向转变。2000年制定了《儿童虐待防止法》。恰好以此为分水岭，与虐待儿童相关的咨询急剧增加。因为这样的缘故，近年来社会性养护的主要对象变成了受虐待的儿童。儿童福利院收养了因有受虐待而心灵深受影响的小孩，需要的护理方式也发生了改变。为了适应这一变化，专业的工作人员变成专职人员并得到扩充。个别应对人员及心理治疗师的引入、专业收养制度的重新设定等，都是在此趋势下出现的。

关爱受虐待儿童不能够眉毛胡子一把抓。即便在儿童福利院里，重要的是尽可能在接近家庭的环境中抚养孩子。原先实行大舍制（一个房子里住20个以上的儿童）及中舍制（13~19个儿童居住），而现在的小舍制（12人为上限）和"集体之家"（6人为上限）被认为是福利院应有的形态。

资金来自政府及捐助

大多数的儿童福利院都是由社会福利法人运营的民营组织。原本由地方政府运营的机构有些也经历了一系列的民营化浪潮而将其运营委托给民间团体。

大多儿童福利院是靠国家及地方政府拨的"措施费"及捐款维持运营的。很多人应该是首次听说"措施费"吧，下面将详细说明。

地方自治体将需要接受福利服务的孩子送进儿童福利院，委托收养的手续被称为"措施"。比如，都道府县及市町村将儿童送进儿童福利院的行为为"入院措施"，委托给养父母则为"委托措施"。如上行政机关根据法令的行政权限开始及停止提供福利服务措施的制度被称为"措施制度"。

战后的社会福利是以日本宪法第25条的生存权及国家的保证义务为依据，行政上以措施制度，财政上以措施费制度为中心展开的。其中，护理等福利服务则以宪法第13条尊重个人与追求幸福的权利为依据，采用使用服务的人按照自己的意愿与提供服务方签署合同的制度。儿童福利院和婴儿院有时需要行政强制介入家庭，现在的措施制度也仍然适用。

如果福利院属于民间所办，该福利院在进行福利服务时需要的费用则来自国家和地方自治体，这称为措施费。

厚生劳动省规定福利院中必须配备利于儿童健康成长的必要的员工、设备、建筑，这是最低标准。措施费是满足最低标准的费用。战后措施制度开始后，措施费承担比例是国家与地方自治体八二开，现在变成五五开。

措施费大致由事务费和事业费构成。

事务费由运营福利院所需的人事费和管理费构成。人事费相关规定在最低标准的基础上规定了职业种类和人员数量，薪酬是按照国家公务员的薪酬标准支付。例如，根据最低标准，照顾儿童福利院的孩子，与他们共同生活的儿童指导员是定员6名儿童配备一名。这一标准各都道府县也有些许不同，例如东京都的比例是5名儿童配备一名。而且，近年来儿童福利院要面对的需求日益复杂化及多样化，因此增加了各种专业人员配置的人事费。有关工作人员的费用，之后的章节再详述。管理费是维持福利院管理必需的经费，包括差旅费、行政费、嘱托医补贴、服装补贴、维修费、卫生保健费、职员研修费、职员健康管理费、设施维护更新费等。

事业费是直接用于入院孩子的费用，大致可分为生活费、教育费及其他费用。生活费包括饮食需要的材料费等日常生活必需的经费。教育费包括学费、学校伙食费、参观旅行费、升学入学准备金、特别培养费、暑期等特别活动费等。其他费用包括期末一次性补助费、医疗费、职业指导费、儿童用取暖费、就业准备金、殡葬祭祀费等。

什么是"最低生活水平"?

前述的措施费依据的是日本宪法第25条,此条第一项这样规定:

全体国民享有健康的、文化性的、最低水平生活的权利。
国家必须在所有生活方面,致力于提高及增进社会福利、社会保障及公共卫生。

此处宪法第25条所指"最低水平的生活"可以按字面意思理解为最低限度。关于此,介绍一个以前的法律案例。提起诉讼的是朝日茂,因此该案被称为"朝日诉讼"。

1956年,朝日茂向东京地方法院提起诉讼。
身患结核病的朝日先生原先享有医疗补助和生活补助。然而,福祉事务所在了解到朝日先生有亲生兄长后,命令其兄长每个月给弟弟寄1 500日元的生活费,其中的900日元作为医疗费。也就是说,朝日先生用于日常生活的费用只有每月600日元。
当时的每月600日元能买什么呢?
内衣两年一件,内裤一年一件,卫生纸一个月一捆,毛巾一年两条,铅笔一年六支。

朝日先生因结核病时常吐出血痰，却过着没有卫生纸的生活。

朝日先生针对福祉事务所所长的决定向县知事提出申诉，但被驳回。接着他向厚生大臣提出申诉，又被驳回。然后他才向地方法院提起诉讼。

地方法院判决朝日先生胜诉。之后日常用品费的支付金额增加了47%。然而，最高法院又驳回了地方法院的判决，因为不能判定600日元的低额度属于违法。最终，朝日先生在失意之中离开了人世。

最高法院判定，伴随朝日先生的死亡，诉讼结束。然而为"以防万一"，判决书中写上了关于最低水平生活的意见。其中写明了对于这位厚生大臣的判断"不能断定违法"。

这是50年前的事情，现在的状况发生了很大的变化。但是看到儿童福利院的状况就让我想起朝日诉讼。

如上介绍，依据最低标准，有36名儿童的儿童福利院只能获得雇用6名儿童指导员的拨款。福利院的劳动效率大约为90%，也就是实际能服务的儿童数在30人左右。

儿童指导员实行倒班制工作。《2008年度社会福利机构养护相关实际状况调查》显示，一名儿童指导员在工作期间一般要照顾10名儿童。半数以上的儿童由于受到过严重的虐待，心灵留下很重的创伤，要想得到恢复，最需要的是大人的关怀，但儿童指导员却没有机会像普通的父母与孩子那样一对一地接触。

08　儿童福利院的运营

根据《2007年度社会福利机构相关实际状况调查中间报告书》，工作人员认为的"今后必要事项"中排在第一的是"人力资源的扩充"（53.8%），远高于排在第二的"福利院设备的扩充"（19.2%）。

世界最低水平的儿童支出

当然，国家的财政有限，给所有困境中的人提供最好的服务是不现实的。无视财政状况而增加支出也无法持续。

我希望福利院的孩子们的待遇能够更好一些。图26是根据世界银行定义的OECD高收入国家面向老年人的公共支出，以及面向家庭和儿童的公共支出与GDP之比的散点图。日本面向家庭和儿童的支出属

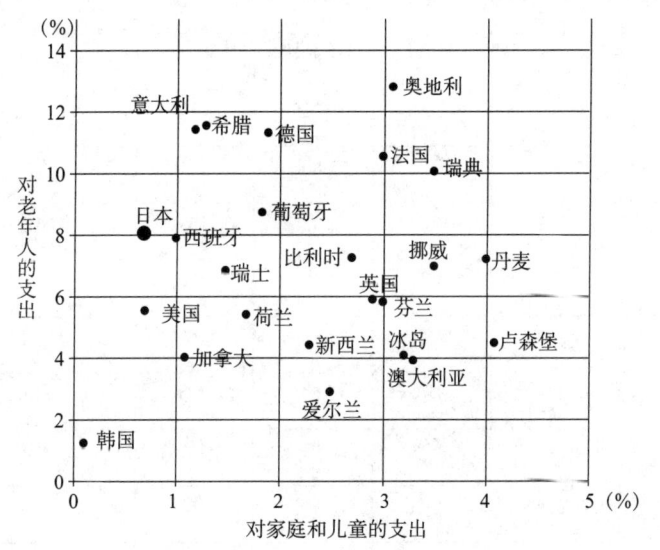

图26　OECD成员国家庭和儿童支出与老年人支出与GDP之比

资料来源：OECD社会支出数据库2007年版（截至2003年）。

于世界低水平。日本面向老年人的支出与面向儿童和家庭支出的比例是 11∶1，是除刚刚成为发达国家的韩国之外最高的。

当然，在支出的计算方法上各国有所不同，税收上的优惠并没有包含在内。况且需要考虑到日本是一个老龄化社会，如表 6 所示，日本的儿童对老年人的比例处于世界最高水平。

表6　各国年龄构成比较（2005年）

	14岁以下（千人）	人口构成比	65岁以上（千人）	人口构成比	儿童和老年人的比
日本	17 575	14%	25 387	20%	1.4
意大利	8 323	14%	11 523	20%	1.4
德国	11 802	14%	15 544	19%	1.3
希腊	1 588	14%	1 991	18%	1.3
西班牙	6 256	15%	7 215	17%	1.2
葡萄牙	1 645	16%	1 800	17%	1.1
奥地利	1 315	16%	1 335	16%	1.0
比利时	1 776	17%	1 798	17%	1.0
瑞士	1 200	16%	1 189	16%	1.0
瑞典	1 578	17%	1 555	17%	1.0
芬兰	912	17%	837	16%	0.9
英国	10 826	18%	97	16%	0.9
法国	11 243	18%	10 045	17%	0.9

08 儿童福利院的运营

（续表）

	14岁以下（千人）	人口构成比	65岁以上（千人）	人口构成比	儿童和老年人的比
丹麦	1 017	19%	820	15%	0.8
荷兰	2 994	18%	2 309	14%	0.8
卢森堡	86	19%	66	14%	0.8
加拿大	5 693	18%	4 236	13%	0.7
挪威	910	20%	673	15%	0.7
澳大利亚	4 024	20%	2 639	13%	0.7
美国	63 062	21%	37490	12%	0.6
新西兰	884	22%	499	12%	0.6
冰岛	65	22%	35	12%	0.5
爱尔兰	856	20%	460	11%	0.5
韩国	9 064	19%	4429	9%	0.5

资料来源：联合国人口司，《世界人口展望》（2008年修订版）。

经过不太严密的计算，大致将这些数字调整到刚才的散点图中，参考以上的人口占比，以日本的儿童支出和老年人支出与GDP之比为1，原先的图即呈现为图27。即便如此，日本面向儿童的支出占比还是低于面向老年人的支出占比。如果日本的儿童支出占比仅达到与其他发达国家相同的水平，状况就会大不一样。

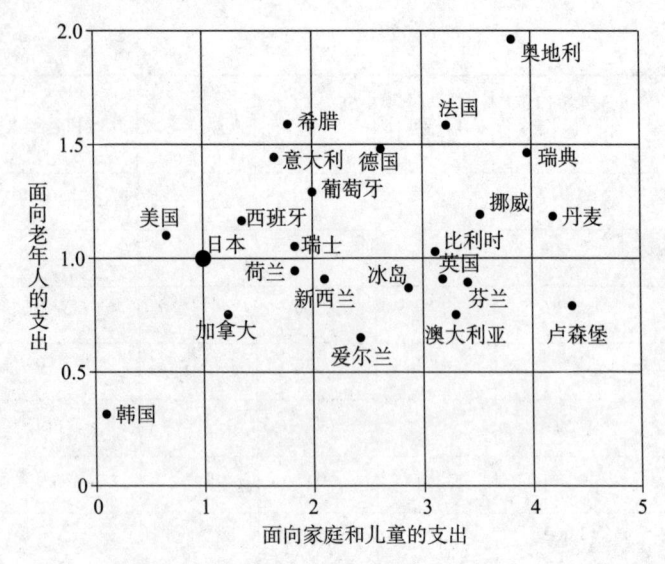

图 27　面向家庭和儿童的支出与面向老年人的支出与 GDP 之比
（年龄进行换算后，以日本为 1 计算）

资料来源：OECD 社会支出数据库 2007 年版（截至 2003 年的数据），并采用了联合国人口司《世界人口展望》（2008 年修订版）中的人口分布，调整了各国人口的儿童和老年人的占比。

儿童支出难以提高的原因

岸本周平先生是一位对儿童福利院抱有很大兴趣的政治家。他回忆起以前在和歌山的儿童福利院的工作经历，如是说道：

"我去了儿童福利院，对那里的真实状况感到震惊。询问当地员工为什么福利院的状况这么严峻，那里的员工这样回复，'岸本先生，这很容易理解。因为这些儿童没有选举权'。我被那一句话给震惊了。"

儿童没有选举权，而且福利院的儿童的父母大多对选举的关注度也很低。再者，从保护儿童的角度出发，儿童福利院大多不对外开放，社会整体认知度不高。

老年人的状况则完全不同。老年人享有选举权，况且老年人的子女为父母着想，会投票给主张优待老年人的福利政策的政治家。再者，在少子老龄化的社会中，老年人及其子女代表的中年阶层占了绝大多数。

这里的游戏规则是无法通过选举来改变儿童的状况。更为糟糕的是，作为儿童支出的财政税收今后可能降低。

日本企业的业绩不提高，法人税和个人所得税等税收将进一步降低。

要把握企业的业绩，股价是最适合的衡量数字之一。因为股价反映了基于所有公开信息的企业业绩预测。衡量上市企业表现的指数是TOPIX（东证股价指数）。1991年1月至2010年12月，TOPIX规模约缩水了一半。但是，同期的美国股票市场的标普500指标，却增加了1~2倍（两者均是股票分配和分红调整之后的数据）。

税收降低的另一个重要原因是日本企业进军海外。

2010年3月24日，松下2011年将增加招聘46.7%的海外应届毕业生的新闻成为头条。经过这次的大幅度调整，松下的1 390名新员工当中，海外毕业生的比例为79.1%。为赢得海外竞争，增加海外员工的数量，缩小日本国内规模的企业，以后也会陆续增加。而且，高法人税也是日本企业转向海外的一个原因。大企业转向海外及增加雇用海外员工，导致政府税收减少，对财政来说是很大的损失。

尽管如此，还是有其他方式可以改善状况。

首先，在保护儿童隐私和安全的前提下，让更多的人了解儿童福利院的现状。只有更多的人了解状况，才可能有更高的呼声来改变现状，才可能促使人们自发采取行动，通过投票影响政策。

然后，企业家在提高企业自身业绩的同时，增加国家的税收，在结果上可能导致针对儿童的财政支出的增加。

即便这些是个人或个别组织的行为，也会有微弱的效果。很多的变革都是从少数派的行动开始的。在可能的范围内尽力，保持希望继续前行。

本章说明了儿童福利院的历史、作用及资金来源。许多福利院都处于长期资金不足、人手不足的状态。下一章我们将把关注的焦点转向福利院的工作人员。

09
完成严酷工作的员工们

上一章概括了福利院的状况,这一章我们将目光转向现场,描写在儿童福利院工作的人们。首先,我们来看根据政府的配置基准,儿童福利院的工作人员都做些什么样的工作;其次,我们会聚焦作为监护人的儿童指导员、保育员。

福利院都有什么样的员工?

儿童福利院有各类工作人员从事各种各样的工作。现行制度规定了哪种工作人员必须配置的最少人数,这被称为配置基准。根据基准决定雇用工作人员的预算,其形式是由国家及地方自治体拨给措施费。

厚生劳动省令第七章规定了儿童福利设施的最低基准。

【工作人员】	【配置基准】
院长	1人，定员30人以下的由儿童指导员兼任
事务员定员	150人以下配1人，150人以上配2人
儿童指导员、保育员	3岁以下儿童每2人配1人，3岁以上至小学入学儿童每4人配1人，小学入学至18岁以下儿童每6人配1人
职业指导员	若有职业辅导机构，根据其他规定增加人员
营养师	定员41人以上配1人
厨师	定员90人最多配4人，90人以下的每30人可增配1人
嘱托医	1人

以上所列员工中数量最多、工作最严酷的是儿童指导员、保育员（以下统称儿童指导员）。前文提到，儿童指导员是代替父母与孩子们共同生活的工作人员。要成为儿童指导员需要满足以下任一条件：

◆ 福祉、社会、教育、心理学部（系）大学毕业。
◆ 取得小学、初中、高中教师资格证之一（不论种类、科目）。
◆ 毕业于厚生劳动省指定的儿童指导员培训学校。
◆ 具备儿童福利院实际工作经验者（高中毕业及以上两年，其余三年）。

许多儿童指导员在大学期间就在儿童福利院实习，毕业后就在那里工作。

如表 7 所示，孩子与儿童指导员的比例至 1976 年都在逐步改善。如前所述，近 30 年受虐待的儿童数量增加，孩子们对关爱的要求更高、更多样化。即便如此，小学生以上儿童与儿童指导员的比例为 6∶1 的标准，自 1976 年以来没有改变。

表 7 儿童福利院的员工配置标准的历史（儿童指导员、保育员）

年份	员工配置标准
1949	10∶1
1964	9∶1
1966	8∶1
	三岁以下的幼儿为 5∶1
1968	年幼儿童 7∶1
1969	年幼儿童 6∶1
1971	7.5∶1
1972	7∶1
1976	6∶1
	年幼儿 4∶1
	三岁以下 2∶1

资料来源：东京都社会福祉协议会，儿童福利研究（2009）。

虽说如此，这种情况也并非完全没有改善。在此期间，虽然儿童指导员的比例没有提高，但是各种专业工作人员的增加使儿童福利院的工作人员得到扩充。工作人员扩充的背后是儿童福利院相关人员及支援者坚持不懈的努力。近年，最新的工作人员配置及其工作内容如下：

- 特别指导附加人员（非专职）：进行技艺和学习等方面的指导。
- 自立支援指导员（非专职）：注重自我意愿的自主性，负责全部家务等从自立支援的角度进行生活指导。
- 受虐待儿童个别应对人员（非专职）：需要一对一个别指导的受虐待儿童等的应对。
- 家庭支援专业咨询员（专职）：负责与家长沟通等促进儿童早日回归家庭的业务，离开福利院后儿童生活的持续性咨询，促进寄养委托的业务，与地方的合作，参加各种会议等。
- 心理治疗师（专职）：对受虐待而受心理创伤需要心理疗法的孩子实施游戏疗法及咨询等心理疗法。
- 小规模集体护理增员（专职）：进行小规模集体护理时，需要增加一名专职的员工，为儿童指导员或保育员。
- 入院儿童优待特别追加员工（兼职）：与入院儿童交谈、照顾日常生活、陪同去医院等，指导俱乐部活动，饮食照料、洗衣服、打扫等业务，以及其他适合老年人的业务（居住在附近的老年人担任的情况很多）。
- 治疗指导人员（非专职）：负责员工培训，小孩的面试，儿童指导员等员工的关爱技术相关的培训、指导，在生活中观察儿童的状况，指导员的心理咨询，心理治疗项目等的讨论、实施，福利院内治疗环境的维护。

扩充专业岗位，是因为政府希望满足复杂的社会福利的需求，但还是不够。

许多儿童福利院都面临专职人员不足的状况。资金充裕的福利院可以雇用配置标准以上的员工数，但多数福利院都会根据标准配置，即实际状况是只雇用最低数量的员工。

儿童指导员的日常

回顾一下我入住的儿童福利院的儿童指导员一天的工作。

每天清晨，值班的员工就要开始一天的工作，几乎不能睡觉。6点就要开始在起居室里为孩子们准备早餐。从厨房拿出早餐的小菜，盛到碟子里，把前一天预约煮好的饭盛到碗里。

6点半开始，值班工作人员就要叫孩子们起床，每人负责15个孩子。小孩们有些能早起，有些不能。工作人员要叫醒起不来的小孩，这时有些小孩就会发脾气。如果有过育儿经历的人就会明白，这是十分累心的工作。

孩子们吃完饭以后，工作人员需要送他们到学校，送完回来就在起居室里洗餐具。

这时，不去上学的孩子还没有起床。除生病的孩子外，没有起床的小孩工作人员不会关照他们吃饭，只能为他们自己吃饭做一些准备。没吃的饭就那样放着不卫生，所以工作人员会把米饭冷冻，将盛菜的碟子用保鲜膜包住放到冰箱里。

做完这些事以后就大概9点了，工作人员会进行简单的晨礼。

晨礼结束后开始打扫共用设施。用吸尘器、抹布打扫洗脸台、洗手间、起居室等。现在有人帮忙洗衣服，往常这个时候是将衣服全部放到洗衣机里洗。

以上这些做完之后，工作人员要做孩子们的成长记录。用简单五六行文字分别记下每个孩子的状态、发生的事情，将这些记录进行整理，放进为每个小孩分别准备的活页本内。被称为"案例簿"的活页本里面详细记录了孩子们进入福利院的原因、精神科医生的诊断结果、其后的经历等，也就是孩子们进入福利院之前至离开福利院的历史。因为是绝密资料，要用带有案例簿标志的锁严密地锁上。

10点，上早班的员工来了。值班的员工与上早班的员工分工准备小孩的菜，查看学校寄来的远足及修学旅行的介绍、健康诊断结果、伙食费通知等各种各样的资料，并且要确认孩子们必须吃的药。

12点，员工开始吃午餐。用餐地点在厨房隔壁的食堂。

前一天值班的员工要工作到下午1点。但如果是员工会议那天，则要一直工作到傍晚会议结束。从前一天下午1点开始，他们已经工作了相当长的时间。值班结束的第二天休息。员工们过着不规律的生活。

下午1点，当天值夜班的儿童指导员来接班。交班的内容绝大部分是关于孩子们的状况：有个孩子昨天癫痫发作，所以今天也要把他照看好；有个孩子昨天晚上哭泣，睡眠不足；有个孩子对周围孩子都很关心，对他进行了表扬；诸如此类的各种各样的事情。

饭后的这段时间是最平静。员工将累积的工作进行整理，准备接下来的事情。

下午4点，小学生放学回来。工作人员首先从放学回来的小孩手中接收学校的资料等，然后检查作业。不知孩子们是不是已经习惯了，因为指导员太忙，即使对他们提出要求也会放任，除作为实习生的我之外，指导员都不提要求。

作业检查结束后，指导员就要求孩子们按顺序去洗澡。这时，大多数孩子都会在运动场上玩耍，所以要找到小孩都很费劲。这个时期，初高中生也放学回来了。

吃饭是 6 点开始。工作人员从厨房端出菜，盛好饭。工作人员从早上 10 点开始到晚上 7 点才结束工作。之后是值班的指导员一个人完成工作。

饭后马上开始洗餐具，同时进行其他工作的准备。傍晚 7 点半开始辅导孩子学习，8 点敦促孩子刷牙和吃药。其间必然还要调解各种事情，谁和谁打架了，谁损毁东西了，谁调皮捣蛋，谁被弄哭了，等等。

9 点到 10 点是催促大家睡觉的时间。小学生比较乖就睡觉了，初高中生正处于叛逆期，所以经常不听儿童指导员的话。即使这样，指导员也会把起居室里的电视机关掉，敦促孩子们进入卧室。儿童指导员要写的资料很多，替代父母抚养的相关业务也非常多，当孩子们安静睡着的时候，福利院的员工室里还是灯火通明。凌晨 4 点，员工室的灯还亮着。很快，早晨就来临了。

儿童指导员的严酷工作

儿童福利院的儿童指导员的工作很严酷。

首先，体力负担很重。

其次，生活非常不规律。如果值班结束后是召开员工会议的日子，有时要一直工作将近 30 个小时。15 个孩子一组，由三位儿童指导员负责，每工作三天，就有一次夜班。

很多人提到生活规律和疲劳有关。我的亲身经验是，短时间的睡眠如果能够持续的话，只要形成规律，也能长期坚持工作。但不规律的工作很难持续，所以很累。比如平均睡眠时间为6个小时，但有一天只睡一个小时，接下去的一天即使睡11个小时，身体的疲劳也会累积。

另外，儿童指导员的工作中经常发生常规业务之外的突发性工作。有时是学校和医院突然通知，有时是孩子们打架，有时是孩子在外面捣蛋，有时是小孩在附近的便利店偷盗被警察叔叔"照顾"，指导员必须面对和处理各种各样的事情。他们几乎没有一天是不忙的，总会发生什么事情。工作一件一件地突然插入，工作人员很多时候都是慌忙度日。

过重的精神负担

我有位熟人当了儿童指导员之后成为心理咨询师。她经常工作到凌晨3点左右。即便如此，她还是觉得心理咨询师的工作比儿童福利院指导员的工作要轻松。

社会上有很多重体力的工作，而儿童指导员的疲劳是精神性的疲劳。儿童指导员告诉我的精神性疲劳，概言之，分为以下三种。

结果不明确

商业成就虽然有大小的差别，但大部分可以看到结果，并与绩效挂钩。但要测定儿童指导员的行为和孩子的成长之间的因果关系却十分困难。

不仅福利院的指导员存在这个问题——这也许是从事培养工作的人面临的共同问题。

应该如何对待小孩，其答案因客观情况和具体孩子而不同。除非是有特别经验和特别智慧的人，要选择能带给小孩最佳结果的行动无疑是非常困难的。比如对在便利店里偷东西的小孩要严厉地呵责呢，还是平和地教育？是换位思考先倾听呢，还是无视他的辩解让其自己反省思考？谁又能弄清楚呢？即便排除了明显错误的选项，也无法知道最正确的方式是什么。

自己拼命为孩子们做些什么，也不知道能不能对孩子们有帮助。尽管不知道，还是要每天拼命地工作。

"相信自己是对的犹如王的千军万马般强大，怀疑自己则不会有一丝的力量。"英国历史学家托马斯·卡莱尔道。人在相信自己的行为是正确的时候能够忍受痛苦。如果没有这些却要从事重体力活，是十分痛苦的。

罪恶感

孩子们高中毕业后就必须离开儿童福利院。2002年和2009年进行法律修订后，规定儿童福利院的职责涉及"离院者咨询及其他自立援助"，但福利院也不可能一直接受孩子们的咨询。加之儿童指导员的工作十分忙碌，大多数情况是现在在儿童福利院的孩子都照顾不过来。

虽然出现这样的情况错不在他们，但是一些儿童指导员会认为与孩子分别就是对他们的背叛。如果自己是小孩的父母，那高中毕业后肯定会支持他们，而且还会支持他们去上大学和攻读研究生，但是自己却只能够支持他们的成长到高中毕业。就算离开福利院的小孩成为流浪汉、挣扎在多重债务负担中、身患重病，福利院能够做的都很有限。如果是充满爱的父母，就会倾其所有帮助孩子，而作为儿童指导员，要承担这个工作的话，就无法照顾其他孩子了。

对孩子的爱越是深厚，不再做儿童指导员的人就越容易自责。他们会尽可能将自己的行为引导至积极的方向，比如带着这样的想法而工作："因为这个工作而放弃了孩子们，所以为了以后见面不会感到羞愧，必须拼命努力工作。"即便如此，他们还是会感到无以言表的罪恶感和寂寞感。

无力感

有位儿童指导员这样说道："我只要有时间就想要为孩子们做更多事情。如果工作人员的人数是现在的两倍该多好。我们的时间完全不够，只能做好日常的事务，再利用仅有的一点时间和孩子们一对一地说话。"

即使努力地工作，不少指导员也觉得很多孩子的自我肯定感没有完全恢复就进入社会了。无能为力的感觉特别糟。对孩子的爱越深，越觉得难受。他们要面对未能解决根本性问题就离开福利院的孩子们和不断来到福利院的孩子们。有位儿童指导员这样形容这种感觉："就像不能打扫家里，永远都只能扫一下大门口一样。"

商业职场人士有时会感到不合理，有时看不到结果，被自己的无力感折磨。但是从程度上而言，也许儿童指导员在工作中体会到的无力感是很多职场人士不能想象的。

收入与公务员相当

儿童福利院的员工薪酬标准是参照国家公务员的标准制定的。例如，某自治体2010年度的基本工资标准如表8所示。

《关于福利·护理机构的薪酬实际状况调查（2008）》显示，儿童指导员的平均月工资为23.1万日元。由于调查选取的样本数很少，实际状况可能会有偏差。

表8　儿童福利院等机构员工的基本工资标准

种类	基本工资（日元）	学历	设定
所长（定员51名以上的福利院）	271 400	大学毕业	14年经验
所长（定员50名以下的福利院）	253 400	大学毕业	12年经验
主任儿童指导员	230 112	大学毕业	7年经验
儿童指导员	209 916	大学毕业	5年经验
主任保育员	201 348	短大毕业	8年经验
保育员	195 228	短大毕业	7年经验
事务员	200 000	大学毕业	5年经验
营养师	184 500	短大毕业	8年经验
厨师	165 800	高中毕业	7年经验

参与的力量

第六年的员工人工费如表9所示。一名儿童指导员就需要花费500万~600万日元的人工费。每个月到手的工资约24万日元。

表9 第六年员工的人工费（日元）

基本工资	214 300
特别业务津贴	9 200
地方津贴	31 290
值班津贴	22 500
通勤津贴	12 000
住宅津贴	9 000
加班工作津贴	0
月工资合计	**298 290**
年工资	**3 579 480**
年终津贴	1 146 555（基本工资、特别业务津贴、地方津贴总和的4.5倍）
合计	**4 726 035**
健康保险	193 767
厚生年金	362 723
劳灾保险[①]	21 267
雇用保险	54 349
福利医疗机构保险费	44 700
法定福利费合计	676 806
人工费合计	**5 402 841**

---

① 日本的劳灾保险相当于中国的工伤保险。——编者注

倦怠综合征

《2007年度社会福利机构相关实际状况调查中间报告书》显示，儿童福利院的直接关爱员工（儿童指导员、保育员及个别应对员工）的平均工龄是8年。工龄并不算长，如能更长就更好了。

考虑到对儿童以后的关爱，能够持久地在一家儿童福利院工作显得十分重要。儿童福利院相当于儿童在某一个时期的家，家里就应该都是平常熟悉的人。就像我自己的父母在老家，我结婚以后如果因抚养孩子遇到困难也可以回老家去找父母帮忙。对在儿童福利院里长大的孩子们而言，也是一样的。工作人员一直都留在福利院更好。

工作人员会因为各种原因而辞职，家庭的原因、经济的原因、健康的原因、新的职业选择的原因、升学等。其中不少人是因为倦怠（丧失热情）。

日本社会事业大学的藤冈孝志教授对儿童福利院的197名员工进行倦怠风险调查，调查结果如表10所示。表中显示有一部分人的倦怠风险并不低。某一天，有位工作人员没来上班，电话也联系不上，之后才知道那位员工患上了精神疾病，要恢复可能需要几个月，也可能是数年。

表10 倦怠危险度

危险度	人数	构成比
危险性相当低	108	54.8%
有一定危险性	77	39.1%

（续表）

危险度	人数	构成比
危险性高	12	6.1%
危险性相当高	0	0

资料来源：季刊《育儿》，2008年2月号。

这种倦怠很多时候起因于累积的压力，这种压力主要来自两方面。

一方面是与儿童接触产生的压力。

与儿童接触、产生共鸣是十分重要而了不起的事情，同时也是一把双刃剑。越是获得共鸣，也就伤害自己越深。这种因与他人产生共鸣而遭受的精神疲劳称为"共鸣疲劳"。

有时候对儿童的遭遇产生过多共鸣，自己内心会像也经历过这样的遭遇一般，有时候还会留下同样的心理创伤。此外，儿童福利院的工作人员还可能因为和孩子们接触而想起自己以前努力想要忘却的痛苦经历。还有可能因为想要为受到严重虐待的孩子们做些事情但时间不允许而产生压力。

当然，通过共鸣获得的不单单都是负面的情绪。与他人产生共鸣而获得的精神满足被称为"共鸣满足"。通过与孩子们和其他员工建立信任关系，与他人产生共鸣，自身也可以获得很多满足。

与他人产生共鸣的员工如能够保持疲劳和满足的平衡，很可能会避免倦怠类的压力累积。

另一方面的压力是职场人际关系压力。

为职场人际关系而烦恼的并不只是儿童福利院的工作人员。易因人际关系产生烦恼的工作有一些共同点。

第一，繁忙。许多人被繁忙吞没，做自己的事情已经努力到极限了，一旦承受不住压力就会将痛苦向他人发泄。就我自己的经验而言，越是忙碌的工作，越会因人际关系产生压力。阅读通常说的"黑心企业"（工作环境恶劣的企业）的相关书籍，可以知道其共同点是工作的繁忙。

儿童指导员的繁忙程度如前所述。他们总是忙于各种工作，几乎没有片刻休息的时间，其间很容易造成同事失和。

而且，忙碌的工作通常都由非常有限的人承担。许多儿童福利院的指导员在工作期间只有自己一个人，交接任务的时候才有两个人，这种情况很常见。在此情况下，一旦两人的关系僵化，即使第三方介入也很难修复其关系。

易因人际关系产生烦恼的职场的第二个共同点是很难客观评价工作成果。无法客观评价的工作很容易引起思想理念上的冲突。

比如，请想象这样的画面：某指导员认为应该斥责蛮横的 A 君，但另一位指导员认为应该亲切教诲 A 君，谁对谁错，无法判断。

在"育人的工作"中，工作人员的行为与结果之间的因果联系无法明确。因为儿童的成长要经过很长时间，受各种因素影响。因此要想测量教育者和支援者的行为是否真的对孩子们的成长产生了积极的影响并不简单，其结果是很容易导致每个人极力坚持自我主张。

因为标准不明确导致的人际关系不和在艺术类工作及无视收益的工作中随处可见。虽说不是我的亲身经历，但从剧团和乐团工作的朋友们那里常常听到人际关系的烦恼。

儿童福利院的孩子们把工作人员之间的互不理解都看在眼里，而且有时候还会指出来，如"A老师和B老师关系不好，是吗"。有时候这会加剧工作人员的压力。不仅如此，工作人员的指导方针之间的差异也会导致孩子们的混乱，对其成长不利。

儿童福利院的工作不仅繁重且很难客观评价。所以为避免工作人员之间的人际关系恶化，需要想具体的办法。

为了不累积压力，工作人员自己要多加注意也是很重要的。某位曾经的儿童指导员如此说道："一定要重视自己。我自己能够按照自己的节奏持续工作很重要。如若不然，可能会给孩子们造成困扰。"

儿童指导员的想法

这一章介绍了儿童福利院的工作人员的状况。读完这一章后，你也许会觉得不可思议。儿童福利院的工作人员为什么能够持久地工作？他们抱着什么想法工作？

正如本书的"体验"篇中叙述的一样，支撑工作人员工作的是目睹孩子们的成长而感受到的工作的意义、从孩子们无忧无虑的笑容中获得的喜悦、对孩子的关爱等，很多工作人员如是说。另外，在状况不断的工作中，工作人员之间相互鼓励，努力工作。

与儿童福利院的工作人员谈话会学到很多，有一位工作人员曾经这样对我说——经历长期思考和苦恼的话语中饱含深沉：

"我相信，人只要在人生的某一时期被人关爱，就能凭此记忆活下去。尽管时间短暂，我认为能够爱护孩子们是最重要的工作了。"

听完这话，我想起了《卡拉马佐夫兄弟》。以精辟的角度描写人的陀思妥耶夫斯基在自己临终的大作结尾处如此写道。

你们要知道，一个好的回忆，特别是儿童时代，从父母家里留下来的回忆，是世上最高尚，最强烈，最健康，而且对未来的生活最为有益的东西。人们对你们讲了许多教育你们的话，但是从儿童时代保存下来的美好、神圣的回忆也许是最好的回忆。如果一个人能把许多这类的回忆带到生活里去，他就会一辈子得救。甚至即使只有一个好的回忆留在我们的心里，也许在什么时候它也能成为拯救我们的一个手段。

10
防止福利院内的虐待悲剧

至上一章为止，我们已经介绍了儿童福利院的艰难现状。LIP 认为改善环境十分重要，因为放任现状不管会催生很多风险。

20 世纪 90 年代后期，儿童福利院内的虐待问题成为重大的社会问题，在此以代表性的恩宠园事件为例。恩宠园事件仅是一个代表，类似事件在其他地方也有发生。在扭曲的制度下，人会被赋予错误的动机，许多偶然因素相互作用就造成悲剧。在此介绍恩宠园事件的目的是总结福利院内的虐待事件带来的教训。

恩宠园事件

千叶县船桥市恩宠园于 1946 年作为福利院而建立。该福利院长期践行"体罚为福利院创立以来的传统"，对福利院内的儿童不断进行虐待。

1995 年 8 月，儿童咨询所接到了报告恩宠园虐待儿童的匿名电话。自此，恩宠园内的地狱图景才被逐渐揭露。事件发展成诉讼案件，甚至在1997年的众议院本会议中也被提出。

这里介绍恩宠园出身者的陈述录。陈述者1981年出生，与我同岁。

陈述录

1999年3月11日
千叶地方裁判所民事第五部启

我的名字是×××××。1981年6月2日出生。出生不久，母亲就去世了，我被寄养在婴儿院，两岁开始就被送到了恩宠园。父亲健在，但不在一起生活。1998年3月，我在形式上被父亲领养。从出生到离开恩宠园，我一直在园内生活。

恩宠园中异常的事件不计其数。幼年时期的记忆非常清晰，自己也觉得惊讶。这里不是普通人能想象的世界。

……

恩宠园中，小学三年级以下的小孩，仅仅因为在走廊上奔跑、吃掉落的食物等很小的原因，就会每天被工作人员和保育员抓着打几十下屁股。孩子们屁股上都有淤青，洗澡的时候就能清楚看到。

这里有"恐怖的烘干机"惩罚。将小孩关进热烘烘的大型烘干机里，不停旋转，实在是恐怖至极。

还有"恐怖的烘干机屋子"惩罚。这是将儿童关进黑暗的烘干机里，然后从烘干机外面用力敲打，给儿童造成恐

10 防止福利院内的虐待悲剧

惧,直到儿童大声哭喊到昏迷为止。

另外有一种惩罚是在热水里泡 100 秒。

还有经常不让幼儿吃饭,让其正坐几个小时的惩罚。受惩罚后的幼儿会摇头晃脑,无法站立。

……

包括我在内,大家对园长的虐待都无可奈何,甚至感到绝望,因为大家觉得"告发(举报)会被园长杀掉"。

孩子们之间经常互相倾诉:"我们到底为何而生?难道是为了被欺负而活着吗?反正都被父母抛弃了,就这样没有办法吗?"

园长总是一有什么就说"要怪就怪你们父母,你们这么惨,都是因为抛弃你们的父母的错",把一切都推到父母身上。

……

在此情况下,1996 年 4 月,发生了儿童逃离园区的事件。导火索似乎是园长想要擅自改变孩子们的房间分配。保育员对孩子们说:"很抱歉,我们无法再保护你们了,我们也只好辞职了,你们也赶紧逃跑吧。"

大部分的孩子都逃走了。虽然不会有孩子愿意待在园内,但是幼儿们无法逃离。我担心那些幼儿,所以没有逃出去。逃走的孩子中有些跑到了千叶中央儿童咨询所,"被拒绝收留"后又返回园区。其他的孩子也陆续回来了。

儿童咨询所和县里的人来到园区调查,我也被问话了。

但我只说了一点点，因为感觉这些人是跟着园长来的，很多事就没有说出来。他们不仅没有理解我们生活的世界是多么反常，反倒劝我们"那样的反抗态度可不行，要诚实"。这样我们就更加不想说了。我对儿童咨询所和县里来的人，都没有说这次提到的话。

县里的儿童科的成田科长有一次来时，同情我们，说"很辛苦吧"。我们认为他应该能理解我们，于是写了一封"给县长的信"委托给成田科长。然而，我们收到的回复是印刷文书一样的内容，大家都感到很失望。

……

我升学进入高中了。高一第三学期，我突然被园长室传唤，说让我"30分钟后离开福利院"。完全没有接到事先通知的我惊慌失措。车已经备好，我打包好行李，被强行驱离。年幼的小孩和小学生都在车后面追赶，大家都十分伤心。

我被带到儿童咨询所，然后回到父亲那里。父亲把我带到母亲留下的破房子里，只留下一点生活费，当天就返回了同居对象的家里了。

从那以后，我就一个人在家生活，时而和朋友一起生活。生活费不够，我只好去做酒水服务生。对我的生活状况实在看不下去的浦岛先生——现在也作为本次诉讼的原告方——还有其他儿童救助网站的人们帮助我渡过难关。

……

10 防止福利院内的虐待悲剧

我现在虽然在正常的社会里生活，但是恩宠园中的异常生活对我造成的精神影响，从各个方面暴露了出来。

"大人皆恶魔，绝不可信任"的想法在我心里一直无法消除。我们身处在那种环境下，没有任何人伸出援手帮助我们，产生这样的想法也是情有可原的吧？

在感到不安的时候，我有"看到自己的血就会安心"的癖好，还会无意识地割自己的手腕。现在我手腕上还遗留了无数的伤口。

我听到别人声嘶力竭的喊叫就无法忍受。即便不是惨叫，我听到了也会脚软，全身无力，无法动弹。

常常会自暴自弃地认为自己的身体和性命无关紧要。在他人看来十分危险的行为也会去做。

……

我无法忘记恩宠园园长的虐待，我不想再这样任其摆布地生活下去。我想要让他认识到这是不可饶恕的行为，所以才有这次诉讼，这样我才把实情都说出来。

如果需要的话，我可以在法庭上作证。

本来我想自己直接对园长提起诉讼的，那样荒谬的世界不应该存在于这个世界上。我想要让园长知道在封闭世界里的受害儿童的痛苦和愤怒。所以，现在我也在内心期待能拯救那些现在仍在遭受和我一样痛苦的孩子们。

这位女孩离开恩宠园之后的故事,我们通过法庭上的证词进行介绍。

问:你因为什么被驱逐出恩宠园?

答:就是很突然的,早上起来吃完饭后就被叫到园长室,被命令30分钟内准备好,然后离开。

……

问:去儿童咨询所后,发生了什么事?

答:他们给我两个选择,要么去其他福利院,要么回到父母身边。因为我实在讨厌福利院,所以选择了回到父母身边,于是父亲就赶来了。

……

问:那以后怎么样了?

答:第二天,我被带到船桥的破败房子里,被扔在那里生活。

问:船桥的房子是谁的?

答:我妈妈的房子。

问:有谁住在里面吗?

答:是空房子。

问:你去的时候,有家具、被子之类的东西吗?

答:没有。只有一条被子,应该是父亲带来的。

……

问:你最终一个人在那破败的房子里生活吗?

答：是我一个人。

问：生活费是你父亲给吗？

答：没有给。

问：那怎么生活下去？

答：打工。

问：一个人生活的话，应该发生了很多可怕的事情吧？

答：是的。

……

问：你最终是被父亲领回去了。父亲又说了什么吗？有没有告诉你领你回来的过程和原因？

答：被父亲……

问：被父亲领回去对吧？

答：是的。

问：那父亲有说"希望你回来"之类的话？

答：没有，没对我说。

问：你知道为什么被父亲领回去吗？

答：他没有办法。

问：那是父亲说的吗？

答：是的。

问：因为没有办法，只好把你领回去对吗？

答：不是，是我这样想的。他这不把我送进了儿童福利院了嘛。然后说什么因为我的存在才遭受社会的冷眼，我太碍眼了，赶紧去死吧。

问：太碍眼，然后？

答：说要我去死。

福利院内虐待事件报道的功与过

恩宠园事件等福利院内虐待事件被媒体大肆报道后成了社会问题。

这样儿童福利院才为更多人知道，也引起了社会监督的风潮，我认为这是好事。很多社会问题的解决都始于问题被大众所知。

但是媒体的报道会将焦点过分关注于案件本身，有时会过度。儿童福利院内的虐待成为社会问题，当时很多正常的儿童福利院都被社会投以怀疑的目光。社会对儿童福利院工作人员的信任度也降低了。

有位儿童指导员提到，在福利院虐待事件成为社会问题后，以儿童福利院为职业选择的人数锐减。很多人选择辛苦而报酬不高的工作的理由是工作的意义和获得社会的尊敬。而福利院虐待事件的报道削弱了人们去儿童福利院工作的动机。

如何防止福利院内虐待？

将某个重大事件发生的理由归结于某个具有特定性格的人很简单，但是，这并不具有建设性，而且大多数时候是不正确的。

很多人都只对接收到的信息和动机做出反应。错误的信息交换及恶性动机只会产生罪恶的行为。我认为，事件发生后我们应该做的是尽可能深挖和思考产生这些问题的客观原因，这样就能够采取措施尽可能防止事件再次发生。

以恩宠园事件为开端，一部分的儿童福利院的虐待行为被大书特书。福利院虐待行为产生的背景可能会有相同的客观原因。听了儿童福利院的工作人员及专家的话，我认为遏制福利院内虐待的方法有以下三点：一是加强治理，二是完善工作人员的评价制度，三是为员工营造能够从容工作的环境。

组织治理

组织不是因为组织活动而存在，而是为了带来更多便利。组织治理的要义在于组织是为受益人而运转还是建立监督机制。

儿童福利院在治理方面有三个难题。

第一，很难根据受惠人的评价来判断福利院是否尽职。

在学校和儿童福利院的事业中受益的是孩子们。但是儿童不具备充分的判断能力，他们很难客观评价为自己而开设的学校和儿童福利院。

正常学校里首要考虑儿童利益的是父母，父母可以代替儿童评价学校的行为并指出问题所在。家长教师协会（PTA）的成立即是支撑父母行为的一种机制。可是父母和孩子的利益有时不完全一致，父母对学校的期待对于孩子有益与否有时也不明确。儿童福利院运营过程中，大多数时候父母很难对福利院提意见，或者难以提出合理的意见，对其进行治理要比学校更难。

第二，难以客观评价儿童的成长。

我们可以通过利润及股价评价企业的表现，然而却很难定量评价儿童的成长。

当然，能够导入与儿童成长相关的几项重要指标是有意义的。比如，测量企业社会贡献度的方法已经有人考虑过了，虽然还不够完善，但做出了一定的成果。同样的方法也许可以运用到儿童福利院的评价上。

第三，与公众缺乏沟通。

很多儿童福利院与外部没有积极的交流是有一定原因的。首先，儿童的隐私问题。因受虐待等原因而与父母分离的小孩若居住地被父母发现，那父母可能冲进福利院闹事，这可能会使已经稳定的小孩的心理变得混乱和动摇，必须要避免。其次，儿童福利院是小孩的家，外部人不可能随意进入。

然而，因为与外部的交流少，地方和社会获得的信息也有限，外部人员就很难对儿童福利院的运营进行观察（监督）。即便非常糟糕的人当了院长，由于信息不外露，人们也难以阻止院长的暴行。地方自治体的监督措施也不够。

有效对策之一是针对儿童福利院实行第三方评价（一部分儿童福利院已经实行），建立将儿童福利院的措施费与评价结果进行一定程度挂钩的制度。这就类似于企业受到财务监管。评价需要的费用可能不小，但比因信息不通而导致的需要全社会承担的损失要小。再者，与其对儿童福利院接受评价需要的花费有所顾虑，还不如建立制度让儿童福利院因此获得更多的便利。

员工评价制度

我曾经访问过的某个儿童福利院，过去也曾被告发存在内部虐待。体罚儿童、不给闹事的儿童饭吃等方式被认为是有问题的，涉事的工作人员全部被解雇。

当时那个儿童福利院的某位儿童指导员曾说过内部虐待产生的原因，提及了当时的员工评价制度。

"过去没有这样的儿童福利体制，员工数也少，每位儿童指导员都有固定负责的孩子。孩子的一切问题行为都是负责该孩子的员工的责任。

"儿童指导员无论如何努力，只要孩子出了问题，就都是员工的错。在事无巨细地照顾大量小孩时，不出问题实际上是不可能的。

"这样的话，将纪律定得死死的，让大家过着整齐划一的生活的方式就有效了。而后，这样的方式过了头就引发内部虐待。"

建立评价制度的目的是激励工作人员努力。

工作人员要对所有结果（有时是偶尔产生的）负全责的评价制度无法最大程度地发挥员工的潜力。以努力能带来理想结果为前提的评价制度，应该是使得努力的人比不努力的人获得更高的评价。

员工休憩空间

我作为实习生入住儿童福利院的时候，有一天很晚了我还在调查和工作，这时有位指导员这样说道：

"一定不要勉强工作。要是做一些不能持续的勉强的事情，疲劳感就会累积。而疲劳感累积的时候，一旦小孩说一些过分的话，人就很容易突然崩溃。

"一定要充分休息。如果休息不足，就会对小孩施加暴力和虐待。"

而且，现在的儿童福利院都有负责员工心理治疗的咨询师，因为员工压力堆积后容易导致刚才说的精疲力竭和内部虐待。

儿童福利院的心理咨询师一直都很忙。尤其是人手不足的福利院，员工很容易就崩溃。

我想强调的是，问题的责任绝不在于特定的个人和组织身上。

不顾恶劣的环境而选择为了他人而工作的人大多不是坏人。当然，人无完人。我遇见的儿童福利院的工作人员，包括曾经的工作人员，大家都很好。正因为如此，建立使各位工作人员能够充分发挥其能力和热情的制度及环境是十分重要的。

保持关注、了解认识之后才会有具体的行动。下一章将探讨我们能够做些什么。

| 下篇 |

行　动

人生的伟大目的不在于知,而在于行。

——托马斯·赫胥黎
《技术教育》(Technical Education, 1877)

11
我们能做什么?

本书并非只指出问题,也关注"我们能够为解决问题做什么"。本章将介绍 LIP 所做的事情,并帮助大家思考能够做些什么。

改变社会不是某个人的事情。社会问题,正如它的字面意思,是社会中每一个人的问题。因此,马丁·路德·金才一语道破:"不是黑人的问题,而是白人的问题。"人带来的问题只有经过人之手进行改变,社会产生的问题要依靠我们每一个人的行动才能解决。拥有本职工作的商业人士也能做些什么,我们是抱着这样的想法坚持开展行动的。

从入住体验及分析中得到的启示

到上一章为止,我介绍了儿童福利院及孩子们、工作人员的处境是十分严峻的。我将再次总结从入住体验及各种调查中获得的启示。

◆ 孩子们因父母实施虐待、患有精神疾病、有经济问题等原因进入儿童福利院,但这些问题与社会的各种问题相互缠绕在一起。

- 福利院的孩子大多有很深的心灵创伤,要恢复需要很多的关爱,但很多福利院都面临资金困难、护理人员十分不足的状况。包括对儿童福利院的投入在内,日本的儿童相关支出之低在发达国家中属于最糟糕的水平。这些与福利院孩子的高退学率、低升学率及平均收入低相关。
- 从保护儿童的角度出发,儿童福利院不对外开放,导致很多时候公众不了解福利院的情况。而这可能又与福利院内部的虐待事件及低投入相关联。
- 福利院的儿童有很多劣势,但他们还是有无限的可能性,只要有好的机遇,就可以很好地成长。

基于以上认识,LIP 决定帮助福利院筹措资金和开展就业指导。选择筹措资金的理由在于:(1)能够在一定程度上解决目前福利院存在的问题;(2)可以通过募捐提高社会对福利院的认知度;(3)能够利用 LIP 自身的优势。帮助开展就业指导的理由是,身处儿童福利院外的我们可以给孩子们带去机遇。

以下分别进行详细说明。

"机会创造者"项目

为援助儿童福利院的资金筹措,我们从 2010 年 11 月启动了"机会创造者"捐助项目。该项目以银行卡结算的方式每月捐助 1 000 日元即可参加。每月从项目参与者的银行卡中划拨 1 000 日元，资金经由 LIP 收取，再捐赠给儿童福利院。目前大多捐款都用在合作的儿童福利院的设施新建上。这个项目本身很简单，但我们经过许多思考才最终选择这个项目。

捐助款项效率的最大化

为什么将款项用于福利院新建呢？因为这样能使资金的效用最大化。这源于儿童福利院相关制度的特殊性。

第一，儿童福利院新建设施资金的六七成会由国家给予补助金（准确说来，补助金有各种细目的规定，累计后大概占六七成）。

第二，多数情况下，新建设施获得的人工费等措施费会增加。福利院的设备如在大舍制、中舍制的情况下再进行详细分割，将儿童的生活单位细分，就可以增加小规模集体护理员工，也可以获得相应的措施费。以我们现在合作的儿童福利院为例，除小规模追加人员和经费预算外，还可以获得东京都独有的专业机能型增员预算，40 人定员的福利院可以增加 4 名儿童指导员。（第 9 章有所叙述，小规模集体护理增员即以小规模集体的形式抚养小孩时，可以增加儿童指导员、保育员的制度。而且，东京都把为有专业性护理需要的儿童提供优质援助的福利院指定为"专门机能强化型儿童福利院"，针对每一个专业强化的单位增加 0.5 人的人员预算。）

粗略计算，手头有 1 亿 2 000 万日元即可以建设 4 亿日元的设施，每年能够获得 4 名儿童指导员、保育员的措施费，即每年约可获得

2 000万日元。每年实际获得的2 000万日元换算成现值的话，就是6亿日元。

若手头有资金，1.2亿日元的捐助款能产生10亿日元的效益，很少有这样类似举债经营（杠杆）效益的捐助（见图28）。

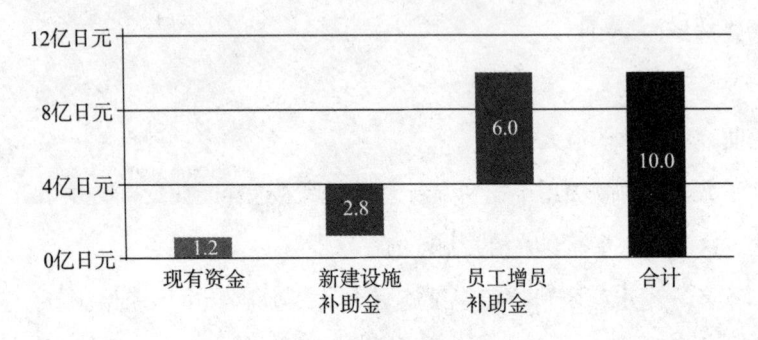

图28 儿童福利院新建设施的效益

另外，儿童福利院能够从独立行政法人福利医疗机构借款。和LIP合作的儿童福利院能够借款5亿日元，20年到期，且无利息。

1.2亿日元的确是一大笔资金，将其除以20就是600万日元左右。每个月有500个人每人捐1 000日元，筹款即有眉目（见图29）。

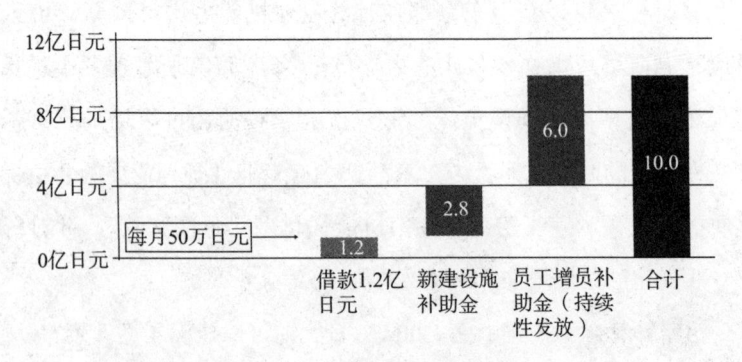

图29 福利院新建的效益（包含有借款的情况）

如定员 50 人的大舍制儿童福利院，建筑建设费为 4 亿日元。有 10 人每月捐 1 000 日元，福利院中的一名儿童的状况就会奇迹般地发生变化。

并且 LIP 是业余组织，不产生人工费和事务所租金，基本能将募集的捐款直接投入福利院。截至 2010 年，除了银行卡支付手续费需要消耗捐款的 6% 左右之外，组织运营本身几乎不需要任何费用。

提高社会认知度

我们认为改善儿童福利院状况是政府的行政职责。抚养儿童原本是家庭的责任，只是在家庭无法正常发挥作用时，社会代行其职，完成社会应承担责任是政府的职责。

因此，我们原来的主要职责是支付政府履行行政服务所需的税。如果理想和现实发生冲突，那为保其一致而采取行动才是上策。

为了让现实靠近理想，我们认为提高社会认知度很重要。尤其是就儿童福利院的情况而言，儿童既是少数派又没有选举权，因此提高社会整体对其的认知度将有很大的作用。

我们通过从大量的人们那里募集小额捐款就是希望提高社会认知度。一直以来，儿童福利院需要大量资金的时候，大多以地方知名人士及其他富有人士投入个人资金的方式筹集。这种方式虽好，但这种特定个人的捐款方式，导致大部分人对儿童福利院还是一无所知。从结果上看，政策没有改变，仅仅解决了局部的问题。

我们致力于眼前的一所儿童福利院的资金筹措，但希望不限于解决局部问题。我们的目标是将这样的方式推广到日本各地。

利用自身优势开展活动

捐款也是一种融资,这也是作为商业人士的我们能够发挥自己优势的地方。

将捐款看作一种服务性买卖就很容易理解。卖东西的原则不变。定义我们能够带来什么价值;思考价值如何提供,如何表达;瞄准客户层,确定目标,强调自己相对其他公司的优势;然后决定以什么样的服务,以什么样的价格,通过什么样的渠道,怎么样卖出;加强客户的售后服务。我们按照这样的思路进行这个项目。

针对作为客户的捐款者我们要做的是在捐款前弄明白问题是什么,为解决问题需要多少资金,由谁怎么样解决,自身的特点是什么,等等。捐款后需要进行彻底、及时而透明的沟通。

及时而透明的沟通常常被忽视却十分重要。不隐瞒对我们自身不利的消息,且在固定的时间公开。通过这种方式获得信任,对于与捐款者建立长期的关系十分重要。

对于给捐款人发送的信息中是否应该包含募集款总额,有时会成为议论的焦点。初期的捐款总额很少,可能会让已经参加项目的人感到不安,但我们还是决定将这信息披露。因为若我们是捐款者,肯定也期待知道对于募集方不利的消息。在这样一个个项目开展的过程中,我们充分利用了在商业世界里学到的知识。

就业指导会

我们除了开展"机会创造者"项目之外,每个月还进行一次以增加孩子们就业选择为目的的就业指导会。

儿童福利院的孩子们大多都生活在封闭的世界里，对身边的社会人的印象也常常有偏差。让这些孩子和社会人进行互动意义重大。孩子们与自己的榜样人物相遇，才可能让他们朝着榜样的方向努力。

但是要对儿童福利院的孩子们进行就业指导，大多需要花时间持续进行。首先要花时间慢慢地和孩子们建立起信任关系，而后的具体活动才能顺利进行。

这些都基于我们的经验。我们最初也想和儿童福利院的孩子们立即开始开展就业指导会。我们虽努力地进行了准备，但孩子们的反响并不好。那时候我们才注意到，在和孩子们没有建立信任关系的情况下，即使准备有趣的集会内容，说很多好话，我们要表达的内容也很难触动孩子的内心。只要稍微想想，就会明白这个道理。

因此，我们花了半年时间，每个月和孩子们一起开餐会。餐会的目的是搞好关系，记住彼此的名字和兴趣爱好。之后，就业指导会才开始启动。

面向初高中生举办一次性就业指导会固然好，但可能无法直接在儿童福利院实施。一步一个脚印地和孩子们加强面对面的信任关系，乍看可能会觉得是效率不高的笨办法，但实际却是捷径。我们花了半年时间才明白这个道理。

当然也有例外的情况。原本儿童福利院出身的人或经历过更加严酷环境的人，又或者原本拥有感动人心力量的人，也许可以一天内就和孩子们变得亲近。因此，我们的就业指导会也考虑邀请这些特别的嘉宾。

前些时候，当我和萨赫勒·罗萨会面的时候，我在心里这样想。作为活跃在日本的演员，萨赫勒在两伊战争中失去了全部家人，来到日本后过着无家可归的生活，曾生活在福利院，受过欺负，但她最终渡过了难关。克服逆境的她说话充满了信心，直击人心。

前些时候我带着萨赫勒女士去参观儿童福利院。高中女生们通过电视知道萨赫勒女士，见到她十分感动。大家乖乖地、津津有味地听萨赫勒讲话。

原拳击选手坂本博之也出身于儿童福利院。他通过拳击集会帮助孩子们打开心灵。我认为坂本先生是在一次性指导会中也能让福利院的孩子们敞开心扉的人。

我最近觉得就业指导会不仅是为了解决儿童的升学和出路问题，也是为孩子们建立一种有困难时可以寻求咨询帮助的轻松愉快的关系。根据《东京都儿童福利院等离院者调查报告书》，孩子们在离开福利院后遇到的最大烦恼是无依无靠的孤独感。孩子们将来遇到困难的时候，如果有一位可以说话的大人在身边，他们会更容易变得坚强。

给所有孩子机会

正如本书开头所写，我们认为机会均等比什么都重要。因为只要有均等的机会，人就能够靠自己的力量开拓人生。

我想在日本这个国度生活的所有孩子当中，距离机会均等最远的就是儿童福利院的孩子了。孩子们失去了在"普通"家庭成长的机会，失去了和愿意花时间照顾自己的大人在一起的机会，而这些是最重要的机会。我们想改变这种机会不均等状况。

当然，我们不可能完全消除世界上的机会不均等状况，就算消除了眼前的不均等，也还会出现新的不均等，消除不均等也许只是理想。但是正因为人们追求理想，世界才会一步一步接近理想状态。我觉得未来一定会变得更理想。

孩子们无法选择自己的出身。但无论出身于什么家庭，相信有人关爱，相信自己存在于世界的意义，能够为自己未来的梦想而努力（如果幸运的话能实现梦想），将来能够组建幸福的家庭，这样的世界能够通过我们的努力来实现。通过给所有人均等的机会，大家能够真正离和平生活的世界越来越近。

12
实践：业余时间为社会做贡献

一边工作一边开展 LIP 的活动已经四年多了。开始 7 个人的团队现在已发展到 60 人。成员来自金融机构、法律界、会计师事务所、咨询机构、事业公司、个体经营等各种行业。除本书介绍的活动以外，我们也在发展中国家发起了小额信贷基金及小额信贷相关的调查活动。

利用业余时间贡献于社会的意义

我认为，一边工作一边在业余时间贡献于社会具有以下的意义。

首先，在工作中获得的技能在其他地方能够立即派上用场。尝试了利用业余时间为社会做贡献的活动之后，我才发现自己在工作中获得的能力在很多方面都能用上。比如从事营业性工作的人具备较高的沟通能力，能够为同伴提供拉近与孩子们距离的方法。利用业余时间开展活动，不必要等到"退休以后才开始……"，马上就可以运用自己的能力解决社会问题。

其次，通过业余时间的活动，可以提升对本职工作的热情，获得对本职工作有用的知识技巧。我通过参与儿童福利院的工作而提高了对本职工作的热情。因为我认为企业获得利益使经济发展，能够让孩子们的状况变得更好。再者，业余时间获得的组织运营经验在参与企业投资时也可以用得上。

另外，通过业余时间的活动，能够遇到本职工作中遇不到的各个领域的人才。因为与这些人相遇，才孕育出新的可能性。同背景和工作完全不同的人相遇，能够丰富人生体验。

也许有人会有疑问，利用余时间贡献于社会这样的事情能够成功吗？我们通过实践已经证明它是可行的。具体将在这章中进行描述。

首要的是关心

特蕾莎修女说过，爱的反面不是仇恨，而是漠不关心。因为人们的漠不关心，很多人在悲惨、贫困、疾病中被抛弃而死去。有人说"日本没有穷人"，这是漠不关心所致。那些人也应该看到过那些无家可归的人，听过有人因饥饿而自杀的新闻，但因为冷漠，所以内心不会被触动。

"你们应当永远对这个世界上任何地方发生的非正义事件感到强烈的愤怒，那是一个革命者最宝贵的品质。"古巴革命家埃内斯托·切·格瓦拉对其女儿这样说道。

心怀世界各地发生的悲惨并不是一件容易的事情，但持续保持关心无疑是解决问题的第一步。

从熟人开始发起行动

没有行动，就没有改变。不行动而光批判是徒劳。若想创造更好的世界，先要重新审视自己，从自身出发，再从身边开始改变。

一个人的行动也能够持续下去，因为见证一个人行动的十个人会发起新的行动。故此，我认为不要因为自己开始的行动影响力小而放弃，而是应持续开展行动。

没有必要一步登天，从坚实的第一步开始。有些行动可以轻松发起，比如下列这些。

◆ 告诉朋友、家人和恋人。
◆ 通过买书试着多学习一些。
◆ 在网上记录自己的感想。
◆ 开展读书会。

独自一人发声的行动也是高尚的行动。一个人的声音虽小，1 000人一起发声就能产生很大的影响。现代信息技术的发展使得一个人的声音的影响力也可以变得很大。

比如，我长期持续不断地更新博客，一开始没有读者，几年之后就有了影响力。我通过博客认识了很多人，有时通过推特转载，博客文章阅读量达到1万以上。

开读书会既能够深化自己对问题的认知，也能与聚在一起的伙伴发起活动。

业余活动也能改变世界

我们秉持着让世界变得更美好的想法而坚持开展业余活动。

当然，很多人无法全职专注于我们的事业是一个局限。因为时间有限，又难以发挥人们在窘境中的拼搏精神。想要筹措资金，但很多人不会给与自己生活无关的人捐款。

但是，如果我们不仅仅关注于不存在的事物、不足的事物，还关注多余的事物、存在的事物的话，又会怎么样呢？世界万物大多好坏参半。业余时间有业余时间的优势，比如以下事例。

首先，能够纯粹地做自己想做的事。经济性回报总附带着自由的剥夺，但在业余时间的活动中却不存在。正如我们的兴趣不为任何人所阻挠一般，在这里我们能够更加独立地开展自己认为正确的活动。

其次，失败时的损失比本职工作更小，故可以采取更加大胆的行动。一般的创业，一旦失败就会伴随着负债，下一步的挑战会很严峻。但业余时间的事业能够较容易往下一步走。除非是十分严重的失败，否则失败一次也能够作为经验教训在下一次活动中派上用场，而且发起活动的门槛也低。

另外，我认为能够灵活变换组织也是业余组织的优势。通常要改变组织需要伴随很大的压力，比如裁员给企业造成的压力很大。但业余时间的活动只要减轻相应的工作负担即可，因此比较容易适时地灵活调整组织的形态。

组织业余活动需要面对无数的制约，但是制约却可能使人更富有创造性。运营这样的组织所获得的创造力也可以用在运营其他企业上。尽管现在还不够成熟，也有很多不足之处，但我认为我们能够创造全新的生活方式和组织形态。

由于信息技术的进步，信息传递的成本大大降低。30年前要开展大规模的业余活动要比现在更难。然而，现在有互联网电话会议、文件共享、邮件列表，而且这些都是免费的。现代业余组织能够参与的事情也在增加，今后也还将持续增加。

2008年夏天，当我提出LIP要和世界银行共同举办小额信贷论坛时，有人还说："你是认真的吗？"但尝试了就不觉得困难。2010年一年内我们通过业余组织策划了20多场活动。

说起建立小额信贷基金，很多人质疑其能否成功。可是我们做了，而且成功了。成员们请好假亲自到柬埔寨，很多人协助了我们的活动。这样，我们发起了日本首个小额信贷基金，耗时9个月。虽比当时计划的时间要长，但相对全职工作而言，9个月已经是相当短的时间了。新的金融产品由业余组织且是非营利组织发起是史无前例的，但我认为这在未来只会更多。

做擅长之事

要想在业余时间贡献于社会就要寻找只有自己能做的，比周围80%的人都擅长做的事情。

适材适所才能带来社会整体最满意的结果。比如，我在农村种田，或在儿童福利院每天关爱儿童的精神并不是上策，因为比我擅长此道的人多如牛毛。当我帮助柬埔寨的老婆婆种田时，老婆婆说不要做不擅长的事。当我提案开展儿童的心灵关爱时，儿童福利院的工作人员指出"请分清自己的职责"。这些让我亲身体会到应该做自己擅长的事。

专业性源于学问、职业和生活环境。无论是谁，总会有比周围80%的人更擅长的事情，将其作为事业即可。

另外，我个人认为兼顾本职工作，考虑与本职工作相关的领域，能够运用本职工作的优势领域开展活动会更好。在业余时间活动中获得的知识技能如果能够运用到本职工作中的话，那就是一举两得了。

珍惜本职工作

LIP基本上不容许做不好本职工作的人参加。我们提倡成员在本职工作繁忙时，也要优先做好本职工作。

有本职工作的人，在做好本职工作的前提下才能为他人开展活动，这是理所应当的事情。因为只有把自己的事情做好，才能够为他人做事。而且正当的收入也是重要的社会贡献。和儿童福利院的孩子和员工接触后，我再次感受到企业赢利的重要性。企业赢利才能缴纳法人税。员工获得令人满意的报酬，才能够向国家纳税。国家财源增加后，花费在儿童身上的财政支出比例提高，儿童的处境才会有所改善。企业持续赢利、发展，在那里工作的员工才能对未来保持希望，那种安心感也与家庭的幸福圆满相关，也能减少虐待儿童事件。

从业余组织的可持续发展而言，做好本职工作十分重要。如果不能做好本职工作，也许会被人质疑"要有时间搞活动，还不如先好好把工作做好"，这样就比较棘手。因为业余组织的活动要持续进行，重要的是需要获得包括企业在内的社会各界的理解。如果业余组织的方式遭到企业的反对，其生存就会出现危机。

尝试参加他人的活动

业余组织活动的第一步，可以是参与已经开展的活动。下面介绍几个为儿童福利院活动的团体。

3keys（http://3keys.jp/）

该机构为儿童福利院、母子生活救助机构、自立援助家园等社会福利机构的孩子在高中、大学期间提供家庭教师和学习志愿者。

法人代表森山誉惠在庆应义塾大学读书时了解到儿童福利院的情况而备受打击。随着深入了解，她认识到支援孩子们自立在于帮助他们的学习，这也与森山女士的背景有关系。森山女士本人也曾辗转韩国和美国，经历了贫困和被歧视的生活，支撑森山女士的是她在学校的成绩。"儿童福利院的儿童也可以通过学习而受益。"森山女士这样想。她在开展儿童福利院的学习指导志愿活动过程中，亲身感受到增加支援活动的必要性。可是当时没有既能够保证学习内容和质量，又能匹配孩子们与志愿者系统的团体。所以，森山女士自己创立了

3keys 组织并开展活动。

在不断摸索的过程中，队伍壮大了。截至 2010 年 9 月，3keys 已经与东京都的 7 所儿童福利院、1 所母子生活支援机构、1 所自立援助家园合作。现有注册志愿者 66 人，其中学生占 70%，社会人士占 30%。

Bridge for Smile（http://www.b4s.jp/）

该机构主要开展初高中学生离开儿童福利院后的支援活动。开展支援独立生活相关研讨会和生活必需品支援等"自立项目"，以及为离院儿童提供廉价安心生活的合租房"微笑项目"等。还与 LIP 成员一同进行儿童福利院的实际状况调查。

该团体的代表林惠子曾在大型人才服务企业保圣那（Pasona）工作。她在 2003 年冬天一边育儿一边准备留学攻读 MBA（工商管理硕士）的时候接触了儿童福利院。她为考试参加研修，其中一项恰好是以儿童福利院的支援为题的案例研究。林女士在大约 4 个月内访问了 7 所儿童福利院，并进行了调查。

那些儿童的父母九成都还健在。福利院里的儿童六成都受过虐待，来不及愈合心灵伤口，到了 18 岁就不得不独自生活。心灵脆弱的孩子遇到困难时放弃工作，触犯法律，甚至自我了断。缺少父母关爱的孩子，自己成为父母之后，也不懂如何关爱孩子，而导致虐待行为再次出现。这些都让林女士感到强烈的震撼和愤怒。

林女士还知道了儿童福利院现状的严峻——企业支援效果不佳，福利院之间存在差距，小孩进入不同的儿童福利院将极大左右他们今后的人生。

林女士放弃了 MBA 的考试，建立了非营利组织。她得到当时工作单位保圣那的支持，公司还为她提供了办公室等。

一边育儿一边开展活动的林女士是一位非常强大而充满魅力的人。很多社会人自愿无偿地参加 Bridge for Smile 的活动，支援林女士。

Bridge for Smile 网站上有丰富的儿童福利院相关的资料。

Living Dreams（http://livingdreams.jp/jpn/）

Living Dreams 是特定非营利活动法人青少年国际教育促进会（IEAC）的活动项目。创始人帕特里克·纽埃尔同时也是东京国际学校的创立者。

Living Dreams 为儿童福利院的孩子提供成长必需的艺术、文化、体育、科技方面的各种项目。

艺术方面提供艺术练习用具及练习项目。艺术兼具心理疗法的功能。文化方面，提供学习用具、家庭教师、就业体验等。体育方面，除提供体育用具之外还开设体育课程。科技方面，提供个人电脑及其他设备，开设操作方法课程。

东京国际学校是一所以国外大学为升学目标的学校。虽不清楚东京国际学校的具体数据，但一般国际学校的学费都很高，不少学校学费在每年 200 万日元以上。学生的父母大多相对富裕，学生较少，因此毕业生及父母之间的关系网络也非常牢固。

可以看出，在 Living Dreams 的活动中，纽埃尔使用了其拥有的关系网络。2010 年举办的 Living Dreams 的艺术活动吸引了大批著名艺术家参加，盛况非凡。

Living Dreams 也欢迎社会人的参与。如果有兴趣的话，可以关注其网站（英文版的内容更丰富）。

日向 bokko（http://hinatabokko2006.main.jp/）

该机构的正式名称是"特定非营利活动法人社会性养护当事者参加推进团体日向 bokko"。这是由儿童福利院出身人员建立的非营利组织。2006 年 3 月，出身于儿童福利院的 4 人建立了该组织，针对在社会福利机构生活的人开展防止孤立和改变不利条件的活动，以及为当事人辩护。

法人代表渡井小百合 1983 年出生于大阪府。由于父母不和等家庭变故，她小学四年级就开始在儿童福利院生活。高中毕业后，经历自由职业的她立志要在儿童咨询所和儿童福利院工作。渡井边工作边在东洋大学夜校学社会福祉专业。通过学习，渡井女士感到同学和老师与自己的差异。为了那些感受同样孤独的人、怀着同样想法的同伴，渡井女士与同为福利院出身的伙伴于 2006 年成立了日向 bokko。

初期活动主要是开展读书会。2007 年开始开设沙龙，为儿童福利院出身的人和在领养家庭成长的人开设一个可以轻松集会、相互吐露心声的地方。沙龙举办座谈会，大家可以坦然讲述自己的经历。此外，日向 bokko 还为离开福利院的人提供寻找住房服务、升学和获取资格证等学习支持，为即将离开福利院的儿童提供生活支持，收集福利院出身者的意见进行汇报等活动。

介绍相关活动的书籍有《福利院孩子们的栖居地"日向 bokko"》（明石书店，2009 年）、渡井女士的自传《没关系，因为我们在努力》（德间书店，2010 年）。

建立业余组织的方法

能够做好本职工作，并且找到其他团体没有做的重要事情，就可以自己尝试着建立业余组织。以下讲几点虽不成系统但我认为在建立业余组织时需要注意的事项。

找出存在意义

自己进行的活动有意义吗？这样问虽有些可怕，却十分重要。能够明确说出"如果没有我们的组织，世界会变得更加糟糕，因为……"的组织是很强大的。

我个人认为在以下情况下，组织存在的意义相当大。

第一，做前人未做之事。LIP 在策划项目的时候，总是会关注"有没有人曾经做过"。如果能够填补类似团体的空白，那活动的意义就很大。

第二，比他人做得好。刚才也说过，专注自己擅长的领域活动即可。LIP 中金融领域的商业人士较多，所以我们在小额信贷基金企划及儿童福利院资金筹措支援、职业生涯教育支援等能够发挥自己强项的领域进行活动。

第三，打破现有观念。伟大的组织和企业都是颠覆常识的。能够创造出颠覆常识的东西或服务的企业往往能够极大地改变世界。我们挑战的现有价值观念是"不可能建立业余组织开展事业"。如果这一价值观念能够被颠覆，那么世界将会变得更美好。

"奔跑着思考"

但是，过分纠结于活动的意义就无法向前。因为光是思考的话，理解就不够深刻。光想着思考，时间一转眼就会过去。所以"奔跑着思考"很重要。

一边行动一边思考，比起光想，能够更早、更正确地下决心。因为行动获得的信息和知识远比通过书本和座谈会获得的要丰富。行动能够获得很多现场一线的信息、详细的见解、一起活动的同伴信息等。而且在活动的过程中容易扩展人脉圈，有用的信息也自然会传递过来。

加之实际行动的过程明确了应该思考和学习的内容，所以提高了学习效率。换言之，边行动边思考意味着带着明确的假设获取信息，这在信息泛滥的现代尤为重要。

聚集多样化的同伴

独自一人无法开展活动，必须要有同伴。召集同伴的方法中重要的一点是，在共同认可任务的前提下，寻找多样化的同伴。

组织的多样性提高了意见的妥当性。根据某项研究，由同质化的成员组成的组织内部讨论，意见会往过于极端的方向发展。陀思妥耶夫斯基的著作《群魔》中描写了组织的可怕力量，由同质化的成员构成的组织在现实中也很容易陷入各行其是的状况。

比如，问普通人"你了解儿童福利院是什么样的机构吗"，半数以上的人都回答不知道，大部分人听过名字但并不了解详细情况。一旦参与儿童福利院的活动，周围都是带着同样问题和意识的人，这样就容易想当然地将周围的人作为世界标准，可能会与社会大众的感受脱节。各行其是不能将活动推广到更多人，因此需要注意。

看重多样性有着实际的原因。事业内容即便简单，所做之事还是涉及多个方面，如成员的入会相关事宜、会计、营业、宣传、调查、活动的后勤等各项工作。同样职业的人们聚在一起成效也不高。就像普通的公司里有各种专业性的人才，虽说是业余组织，也要设想多样化的业务内容，召集多样化的专业人才。

增加核心成员

组织成员相对固定也很重要。成员更替频繁会增加学习共享的成本，有损活动的持续性，有碍于目的达成，也会给成员的积极性带来不良影响。

业余组织的成员要固定比专业组织更难。最大的原因是大多数业余活动都是无偿的。并非不能给报酬，而是很多在公司上班的人会受到公司兼职制度的约束而难以实现。为了让LIP的成员能固定下来，我们在成员入会的时候就下了一番功夫。对于共同进行项目的执行委员，有以下几个要求。

◆ 先旁听会议，与成员交换意见。

179

参与的力量

◆ 保证至少参加三年时间。
◆ 尽量参加每周会议。
◆ 浏览邮件列表的收件，根据要求回信。

同意以上内容之后，再提交志愿动机书。成员之间据此交换意见，理事同意之后才能入会。虽说程序有些烦琐，但事先设定高门槛，才能募集到真心希望一起活动的同伴。

珍视所有同伴

一旦开展活动，就会十分需要拥有法律、会计、IT、财务、经营管理、语言学等各种专业技能的人才。然而，对于这些"尤为需要的人才"，也要和其他同伴一样办理入会手续，遵守同样的组织运营规则。这虽有困难，却很重要。

当对一些人特殊对待的时候，团队的团结就会崩溃。特殊对待具备某种资格和经验的人，不仅会在团队内部造成影响，也会影响外部的关系。这样的组织很难扩大影响力。

很多时候，越是"聪明人"就越不愿意一步一个脚印地做事。组织的活动大多是务实的，切记务实活动的积累构成了我们组织的骨架。事业中会有很多种工作，但没有贵贱之分。具备特殊知识和经验的人固然好，但能够持续踏实执行工作的成员也同样甚至更加重要。

言出必行，即便一人也要坚持下去

我在LIP的活动中无论如何都希望坚持的，便是表明"即便只剩

12 实践：业余时间为社会做贡献

最后一人也要继续活动，直至成功"的态度。

一定会有需要带头人表明态度的时候。就个人经验而言，很多组织从成立到两三年后的发展路径如图 30。初创期情况最好，组织内充满了要干一番事业的干劲，成员的积极性也很高，相互畅谈未来，意气风发地开启事业。然而，热情终不能持久，组织难免会遇到难关从而陷入停滞期，可能是因为项目的最终设计不尽如人意，或者事业的结果不理想，或者大家多少变得松懈，等等。LIP 也曾经历过读书会只剩 5 人的时期。

我认为，这时带头人的坚决程度是组织今后会衰落还是进一步发展的分水岭。这时，带头人就应该用实际行动来表明，就算只有最后一个人，自己也要坚持下去。业余组织的很多人不仅是因为工作内容，更多是希望和在场的成员一道做事而参加。周围的参加者先不论，带头人如果一直坚持在场的话，他们就能放心地坚持参加活动。

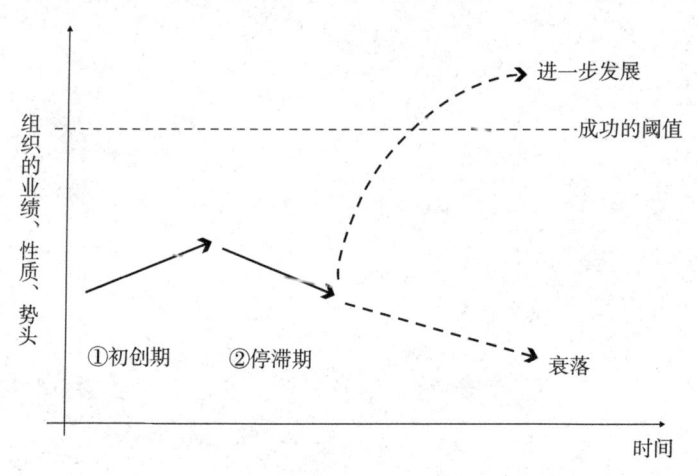

图 30　组织运营的初期路径

即便是业余活动，也能让世界变得更美好。在信息技术进步的现代，这种可能性飞速提高。虽然有难度，但因为业余活动有其独特优势，我们能最大程度地发挥这些优势开展活动，所以无论是谁，肯定都能给社会带来很大的改变。

后记

"在日本，只要努力，谁都能过上好日子"是事实。但是，"能够努力的能力"是来自自我肯定，其根本在于对人的信赖。而受到虐待的儿童，其能量全部被耗费在生存上，很难将其用在努力上。我想，自己之所以能够努力，绝不是因为个人的力量，而是靠关爱自己的人。

由于贫困等原因遭受父母严重的暴力、冷落和性虐待的孩子，有些会从根本上对人失去信任，要想恢复，必须要得到与之所受虐待一样密度和时间的关爱。然而，大部分的儿童福利院都没有富余的资金，无法雇用足够多的提供关爱的工作人员。一线工作人员首先想解决的问题常常是人员的扩充。

我在写这后记的时候已经是晚上9点半了，可是某处儿童福利院的工作人员还在拼命地工作。工作人员深感一人同时照顾10位孩子的艰难，他们怀着对孩子的爱咬牙坚持。

在很多人员不足的儿童福利院，无论工作人员如何努力，都很难给孩子们足够的关爱，孩子们心灵的恢复也很难有进展。即使心灵创伤无法恢复，孩子们也必须在高中毕业后离开儿童福利院。一旦受挫就无法回头，只有艰难的生活在等待他们。我一想到自己过去也可能陷入他们的那种境况，就无法觉得事不关己。

正如本书描述的，我希望能够改变一点现状。我是一个商业人士，有本职工作。但我一直认为只有社会大众行动起来，社会才会真正发生变化。在与 LIP 的优秀伙伴一起活动的 4 年里，我逐渐确认了这个想法。我有能力，你也一样，大家都有力量让世界变得更美好。

书中描写的孩子们，他们也能够让世界变得更美好。他们的状况的确严峻，可是克服困难之后的他们拥有的力量却是推动世界向前的原动力。提供给他们更加均等的机会，他们的可能性会更多。

目前我希望达成的事有三项：一是在本职工作的私募股权投资行业成为一流的专家；二是通过 LIP 的活动实现更多的机会均等，为减少贫困做更多贡献；三是成为打造业余组织的典范。

我在企业上班能经常意识到自己的不成熟，所以希望尽早成为业界一流专家。如今企业内有很多值得学习的榜样，每天的工作都很令人愉快。

LIP 的活动才刚刚起步，刚好能看到前进的方向，工作内容可能在 5 年内发生变化，但是通过机会均等减少贫困的组织目标不变。我们今后将继续开展与任务不冲突的活动。

另外，我希望维持 LIP 当前的业余组织形态。有段时间我们认真讨论过将 LIP 的活动作为本职工作，但因两个原因而延后：其一

后 记

是希望继续专注于本职工作；其二是在很少有非营利组织业余开展活动的现状下，我们的业余活动意义重大。在日本，"业余活动干不成事业"的想法居于主流，像我们这样颠覆社会常识的活动十分有意义。

活动开始已经4年了，组织必须要做、必须改变的事情在增加。我们现在也在反复试错，不确定什么时候能够稳定下来，至少在数年内，我们希望打造一种让大家都可以轻松开始的业余组织模式。

致谢

自我在惠比寿的咖啡厅向英治出版社的主编高野达成先生表达希望让更多人了解儿童福利院的想法以来，已经一年多了。在此向促成这本书面世的以原田英治社长为首的英治出版社的诸位表示衷心的感谢。感谢负责本书出版的高野先生给了很多意见和建议。

我也要感谢本书付梓前得到的诸多人的宝贵意见。

感谢大仓裕治先生在文章的结构和图表及表达的润色上给予的宝贵意见。他提出从儿童福利院的体验开始写起，让全书的结构显得十分清晰。

感谢一起参加读书会的小山拓先生提出的意见。他认为若要读者感到共鸣，那应该在整体上更加注重写作风格。那时恰逢写作中期，能得此宝贵意见助益良多。

感谢在很多方面一起活动的川名正显先生直击人心的想法："我突然想到，离开福利院的人读了这本书会怎么想。或者小慎待过的福利院的孩子们以后读了这本书会怎么想呢？"从那以后，我就一直一边思考孩子们读了书会怎么想,一边在推敲书的写法。

感谢熊谷珠美女士基于自身专业知识给出的见解,特别是关于性虐待相关记述的宝贵意见。作为心理咨询师的熊谷女士告诉了我在与孩子们接触时需要注意的点。一直以来,我都备受她的关照。

黑须宽之先生从两个孩子父亲的角度给了宝贵的意见。居住在德国的黑须先生认为"自己没有资格接受"国家发放的儿童补贴,并将其全额捐给了儿童福利院。

畅销书作家及上市企业董事酒井穰先生从写作的角度给我提出了宝贵意见。比如将书中部分主语由"我"改成"我们",他说,书不是为自己而是为自己最爱的孩子将来不至于陷入苦境而写。他的每一个意见都非常宝贵。

坂下理纱女士从自身经验出发,强调对陷入困境的人们给以援助的必要性。在书写有关儿童的章节上,她的意见助益颇多。

坂口祥代先生提供了直接的感想和各种帮助。他鼓励我应该正视书中的现实问题,并为解决问题而采取行动。

作为咨询师,坂之上洋子看过初稿后给了我郑重的提醒:"我有话直说,感觉写得不够彻底,不能触动内心啊。"她在女儿感冒的时候,还在家里给我提供宝贵意见和美味料理。她的丈夫燦云先生也肯定了这本书的意义,给我以鼓励。

杉崎亚实女士在文章整体逻辑上给予我非常详细的意见。幸好爱好陀思妥耶夫斯基作品的她阅读过大量的文章,很好地解决了影响文章逻辑的几处问题。

作为业界的前辈,一起参加读书会和饮酒会的杉田庸子女士在前

致 谢

言的写法及章节整体构成上给了宝贵意见。当她评论道"这本书是以含蓄的语调及强烈的问题意识且充满热情地写就的优美文章"时,我真的很高兴。

一起参加金融读书会的野口能成先生评论道:"重视理论和事实的我希望这本书能体现主观感情。小慎感受到什么,希望做什么,希望变成怎么样。"这评语给了我写书的原动力。

新闻记者松尾洋平对全部日语的使用提出了意见,尤其提出应该避免使用生僻词(本书还是有一些难懂的词)。他关于无生命主语①的用法的意见让我十分受益。

鸭嘴兽项目的共同代表村田早耶香从非营利组织代表的角度发表了重要的看法。由于他提出"如果希望社会大众踏出第一步,那么将身边能做的事情告诉他们就好"的意见,本书最后一部分很多地方都重写了。

然后,感谢 LIP 教育项目相关的以下人士:松田典子、土屋亮、木下祐马、菅原崇、和田充、九鬼麻菜实、藤卷裕子、松下茉莉子、饭田一弘、仓中翔太朗、本田皓士、桑畑穰太郎、山本绿、安田齐义、肥田空、山崎淳、浅野文子、松本英高、上堀宇花、十仓彬宏、沼上丰、黑住聪子、和田安正、木下真希、二羽泰子、关口千惠、后藤宗明、姜润华、山本佳代子、冈野祥子、增本佳泰、塚本邦尊、桥本英树、马场裕子、佐佐木织惠、松井康至。如果没有这些伙伴一起开展活动,也就没有这本书的面世。许多成员对这本书提出了宝贵的

---

① 无生命主语:多指用无生命的物作主语。——编者注

189

意见。

还要感谢 LIP 小额信贷项目的同人平时的关照：杉山章子、木下祐马、高桥正子、森田结花、糀屋总一朗、菅原崇、大杉健一、内田节子、土合和树、实岛健介、飞田千夏、小野塚隼平、藤代政嗣、长岛毅、下野皓平、砂川和雅、安田齐义、山谷拓也、田岛大基、王兆怡、稻田史子、津崎祥子、岩楯宗昭、塚本史、泉井明子、新明智、楠直子、小间口早春、和田充、爱敬千夏、小野由隆、中山知树、神谷亘、矢作真里、古桥麻美子、高间刚、织部渚、本田皓士、周庆一。特别是高桥正子、森田结花、藤代政嗣对原稿给予了大量的意见。

另外，我之所以能开展活动，多亏了公司相信"一切都能成为提高技艺的养料"而对 LIP 活动予以支持并付给我工资。感谢之前的单位摩根士丹利及现在公司的同人。

小林弘典老师真的教会了我很多。如果没有小林老师推动儿童福利院的对外开放，我想我也不可能入住儿童福利院。之后，在紧张工作之余支持 LIP 的活动，还登上讲坛，接待各类嘉宾等，小林老师出力甚多。而且如书中所说，这本书正是我在和小林老师达成共识的基础上写就的。

梅本优香里提供了很多关于实际情况描述的宝贵想法。听到曾在儿童福利院工作的梅本女士评论"对现状的认识和对儿童的描写用语等几乎没有问题"时，我感到十分高兴。我边写作边感到烦恼，不知自己能够毫无歧义地表达到什么程度，这评论对我来说是莫大的支持。梅本女士的严格和慈爱给了我很大的鼓舞。

致 谢

　　行业前辈，也是我知己的藤原牧季给了我十分尖锐的评论，但也发自内心地给我支持。尤其在数字分析和表达方面，他按照基金行业的严格标准来评论，给了我很多启发。

　　我的哥哥慎泰广从教师的角度给我提出宝贵的建议，并对本书表示支持。性格完全不同的我们兄弟四人当中最常被当作异类的哥哥，也是我的知己，一直以来都非常照顾我。

　　最后，感谢我的父母，在写书过程中我再次感受到他们培养我长大成人的辛苦。如果没有为在日韩国人的教育奉献半生的父亲让我学到坚强的意志，以及在不易的生活中将我们兄弟四人养育成人的母亲的爱，就没有现在的我。要亲自说出口还是觉得有些害羞，借此致谢悄悄感谢他们。

慎泰俊
2010 年 10 月